BREVE HISTORIA
CRÍTICA DEL TANGO

JOSÉ GOBELLO

BREVE HISTORIA
CRÍTICA DEL TANGO

 CORREGIDOR

Diseño de tapa:
Estudio Manela & Asoc. S. Manela + G. Soria

Todos los derechos reservados

Ediciones Corregidor, 1999
Rodríguez Peña 452 (1020) Bs. As.
Web site: www.corregidor.com
e-mail: corregidor@corregidor.com
Hecho el depósito que marca la ley 11.723
I.S.B.N.: 950-05-12337-8

Impreso en Buenos Aires - Argentina

A la memoria de Sebastián Piana

A la amistad de Osvaldo Esteban Firpo

NOTA BENE

Borges se declaró un lector hedónico, alguien que lee los libros por el placer estético que le deparan. ¡Qué bueno si los lectores de este trabajo pudieran decir lo mismo! ¡Qué bueno si uno lograra hacer un cóctel con el placer intelectual y el estético, si uno pudiera enseñar deleitando! De todas maneras, cuando un texto no da placer al lector, al menos que se lo haya dado al autor que lo compuso; no el placer narcisista de quien se busca en su prosa como en el cristal de una fuente, creyendo que es hermosa la cara que contempla, sino el que experimenta el chico cuando destruye un juguete para saber qué guarda en el interior. Porque escribir no es recordar ni la escritura puede confinarse en el ejercicio de la memoria. El escritor, que debe tener algo de músico capaz de atender la cadencia de la frase, es también una suerte de Livingstone, y de Armstrong, y de Cousteau, curioso de todas las dimensiones de la verdad y de ese equívoco retazo de la verdad que es la realidad.

Una historia del tango puede escribirse de muchas maneras. Ahora está de moda observar las creaciones de la cultura con ojos de antropólogo, de sociólogo, de psicólogo. El chico destruye el juguete para saber qué tiene adentro. Se entretiene haciéndolo como se entretenía jugando, pero una vez que lo hubo destruido ya no puede volver a jugar. Estas notas no quieren destruir el tango, sino preservar la posibilidad de contemplarlo por todos los costados, por todas las aristas que ofrece el primer tramo largamente centenario de su devenir, y también la de fantasear con los tramos futuros. Una rosa puede ser explicada por la botánica, por la química, por la jardinería. Nada iguala, sin embargo, el placer de contemplarla. No la expliquen, ya más, que así es la rosa. No lo expliquen ya más, que así es el tango; inexplicable como la belleza misma, que necesita por igual del sujeto y del objeto unidos por una sutil complicidad.

Trato de recordar, cuando puedo, que la primera historia conocida del tango data de 1913, de cuando vivían aún y estaban saludables los compadritos aquellos que, a puro quiebre, retorcían la vertical como para una columna salomónica. Sin duda presentía ya el tango su propia perennidad. Periódicamente se lo daba por muerto y a lo mejor el Viejo Tanguero que aquel año escribió sobre su evolución –¡cuánto habría evolucionado en cuatro décadas que ya necesitaba tangólogos definidores de su autenticidad!– entendía estar escribiendo un epicedio. Pero el tango, que nació evolucionando, que nació vanguardista, encerraba en su propia aptitud para el cambio permanente el secreto de su longevidad. "Hecho de polvo y tiempo, el hombre dura menos que la liviana melodía", profetizó Borges. Se extinguió el último compadrito, se extinguieron los cajetillas, y los jailaifes, y los horteras, y los petiteros, y los caqueros, y los hippies; y el tango dura y durará cuando al último punk se le haya caído la cresta como al gallo bataraz que cantaba Gardel. La duración del tango no es la de la piedra dura que ya no siente, y que también cambia, porque nada es inmutable, aunque no lo perciban los sentidos. Durar es, precisamente, cambiar. Si el tango es la música de Buenos Aires, en cambiando Buenos Aires el tango no debe rehusarse a acompañar su cambio. Si el tango es la especie lírica-musical que expresa al porteño, debe cambiar como ha cambiado y cambia y cambiará el porteño mismo. Ponerle límites cronológicos al cambio del tango –el ocaso amarillo de Borges, la guardia vieja, la guardia nueva, la vanguardia– es como ponérselos al porteño; como si alguien dijera que un porteño sólo tuvo derecho a llamarse así mientras usó alpargatas, o rancho, o pantalones oxford, o sacos a lo Divito. La esencia del tango es el cambio mismo.

Esta historia del tango procura seguir los meandros en que se desenvuelve ese cambio, iluminándolos con el recuerdo y la reflexión y dejando de lado algunas disciplinas intelectuales que mi formación no alcanza y que me sugieren la fruta engañosa del bien y del mal. Por supuesto, no todo el tango cabe en esta historia ni caben todas las formas que asume ese Proteo incontenible. Al fin y al cabo, toda historia es un inventario de emociones personales. Aquí están las mías. Sólo quiero agregar que el tango es un hecho cultural y que por eso corresponde tratarlo con lenguaje culto; que el tango es un fenómeno estético y debe ser tratado con un lenguaje bello, que no sea indigno de la poesía rústica y tierna a la vez, simple y honda, que alojan algunas de sus letras.

José Gobello

LOS PADRES DE LA CRIATURA

E l 15 de febrero de 1902, una anciana de raza negra, nieta de esclavos, decía al periodista de *Caras y Caretas*: "En 1870, antes de la peste grande, los mozos bien comenzaron a vestirse de morenos, imitando nuestro modo de hablar, y los compadritos imitaron la milonga, hecha sobre la música nuestra, y ya no tuvimos más remedio que encerrarnos en nuestras casas, porque éramos pobres y nos daba vergüenza". La milonga mencionada por la negra no era sino el tango. Esta palabra, *tango*, significaba entonces otra cosa: "lugar donde bailan los negros al son de sus tambores y atabales".

El testimonio de aquella anciana es importante, porque se trataba de un testigo presencial y los hechos habían ocurrido sólo treinta y cinco años antes. Puede admitirse, pues, que en la creación del que ahora se llama *tango* y entonces se llamaba *milonga* intervinieron los compadritos y los negros.

Compadrito se llamaba el joven de condición social modesta que habitaba en las orillas, es decir, en los límites de la ciudad. Esos límites estaban entonces muy cerca de la plaza de Mayo, no mucho más de treinta cuadras hacia el oeste y menos aún hacia los otros puntos cardinales. El compadrito era algo así como un gaucho que hubiera desensillado. La tarea del gaucho, a partir de 1810, había sido la guerra: la de la emancipación nacional, la de la organización, la del Paraguay. Cuando las guerras concluyeron, los hijos de los gauchos ya no fueron gauchitos, sino compadritos. "Hoy día, el gaucho malo se ha transformado en compadrito", decía la *Revista Policial* en 1910. Pero había de todo: compadritos camorreros y provocadores y otros que, como los vio Hilario Ascasubi, sólo eran mozos solteros, bailarines, enamorados y cantores. La política solía ser su fuente de recursos, porque se los requería para guardaespaldas de caudillos.

En cuanto a los negros, ya no había muchos en Buenos Aires en los años anteriores a la "peste grande" (la fiebre amarilla), y después de ella quedaron algunos menos. Los negros llegaron como esclavos y se estima que en los doscientos treinta años posteriores a 1580 ingresaron por el puerto de Buenos Aires no menos de 200.000. Los esclavos eran negros que otro negro había vendido a un blanco como si se tratara de un objeto; prisioneros de guerra u opositores políticos (para decirlo con lenguaje moderno) que los jefes de las tribus canjeaban a los traficantes de esclavos (casi todos portugueses) por alcohol o baratijas. En 1778 la mitad de la población de las ciudades del interior del país estaba compuesta por negros y mulatos. En la ciudad de Buenos Aires eran menos, porque la economía no exigía allí demasiada mano de obra. Representaban más bien el lujo de las familias pudientes, que los trataban con blandura y muchísimas veces les daban su propio apellido. Así y todo, en 1810, Buenos Aires tenía 55.000 habitantes y 8.000 de ellos eran negros. Si bien las guerras aniquilaron a la población masculina de color –los negros eran la carne de cañón preferida: pelearon en Salta y en Chile, en el sitio de Montevideo y en la guerra de la Triple Alianza y, con anterioridad, en las invasiones inglesas–, su situación debió de ser, en Buenos Aires, más llevadera. El censo de 1887 permitió comprobar que había aún 8.000 personas de color, aunque no ya sobre una población de 55.000 habitantes, sino de 432.000. Los mulatos serían, sin duda, muchos más.

Los negros desaparecieron prácticamente de nuestro país por diversas razones: 1) porque en 1813 se decretó que los hijos de esclavos que nacieran en las Provincias Unidas nacerían libres; 2) porque la guerra se llevó a los negros y las negras se unieron con blancos; 3) porque Urquiza remitió a las estancias entrerrianas a los negros de los cargamentos de esclavos tomados al Brasil durante la guerra con ese país; 4) porque la constitución de 1853 abolió la esclavitud mucho antes de que lo hicieran los Estados Unidos y el Brasil. Los mestizos terminaron diluyéndose en el aluvión inmigratorio. Hacia 1870 –fecha que la lúcida negra entrevistada por *Caras y Caretas* daba como la del nacimiento del tango–, Buenos Aires tenía 178.000 habitantes (cifra redondeada), de los cuales 80.000 eran inmigrantes europeos y, de éstos, 44.000 eran italianos. Los ocho mil negros fueron como una gota de tinta en un vaso de agua clara.

CORTES Y QUEBRADAS

Durante los años posteriores a la "peste grande" –la fiebre amarilla, que se prolongó durante el primer semestre de 1871 y ocasionó unos 13.600 muertos, de los cuales 6.200 eran italianos–, cuando Buenos Aires rondaba los 180.000 habitantes, el compadrito disponía de lugares de diversión donde podía bailar a su gusto, No se crea, sin embargo, que los compadritos fueran muchos. Los jóvenes varones que habitaban entonces Buenos Aires no pasaban de los 45.000, de los cuales 36.000 eran inmigrantes y apenas 9.000, nativos, y ciertamente no todos los 9.000 compadritos. De todos modos, éstos gustaban bailar y concurrían a las llamadas academias, que eran lo que ahora llamaríamos bares, o cafés, pero atendidos por camareras, quienes, además de servir las mesas, danzaban con los parroquianos y ejercían la prostitución. Esos mismos lugares, cuando eran concurridos por italianos, se llamaban peringundines (nombre éste originado en un baile propio del Perigord, en Francia, difundido en Génova con el nombre de *perigordin* y bailado en Buenos Aires por los inmigrantes genoveses).

Los bailes del compadrito eran las danzas de salón: lanceros, valses, habaneras, polcas, mazurcas. A juzgar por las muchas veces que se la menciona en la literatura costumbrista, la mazurca debía de ser la danza más difundida. En las academias se bailaba con organito o al son de la música tañida generalmente por intérpretes de color. José Antonio Wilde dejó escrito que "casi todos los maestros de piano eran negros o pardos, que se distinguían por sus modales".

A su vez, los negros, ya libertos, pululaban por el barrio del Tambor, o del Mondongo, es decir, las calles México y Chile, desde Buen Orden (ahora Bernardo de Irigoyen) hacia el oeste. En 1823, por lo menos, ya estaban instaladas allí las sociedades de negros, o los sitios de negros. Sitios eran llamados los lotes de tierra que los amos solían regalar a sus libertos. En los sitios se instalaron rápidamente las sociedades que agrupaban a los ex esclavos según la tribu de origen. La más antigua fue la de la nación Cabunda. Otras se llamaron, por ejemplo, Benguela, Mondongo, Munache, Rubolo, etc.

Depuesto el gobernador Rosas, los negros, sus protegidos, que solían desfilar en sus fiestas hasta la Plaza Mayor, se vieron constreñidos a realizar sus bailes –llamados tangos– en los sitios. Y en los sitios se introdujeron los compadritos, que sin duda añorarían el candombe callejero. Allí fue donde inventaron la milonga, como decía la anciana entrevistada por *Caras y Caretas*. ¿Cómo la inventaron? Simplemente introduciendo en lo que venían bailando los cortes y las quebradas que constituían lo más importante de la coreografía del candombe. El corte consistía en cortar la marcha, en los desfiles callejeros, y las quebradas, en quiebros del cuerpo, bastante lujuriosos, que se hacían en el corte de la marcha. Cuando el candombe se desarrollaba en los sitios, la posibilidad de marchar era nula, y las marchas resultaban poco más que simbólicas. Corte y quebrada pasaron entonces a designar prácticamente la misma cosa: el quiebro del cuerpo.

El candombe se bailaba en pareja suelta; en cambio, la polca, la habanera, la mazurca exigían la pareja enlazada. Al trasladar a los bailes de pareja enlazada los quiebros de la pareja suelta, el compadrito fue creando empíricamente una coreografía propia, juntando su cuerpo con el de su compañera y entrecruzando sus piernas de un modo que, pudiendo ser erótico (como ocurre ahora en los tangos de fantasía que se bailan en los escenarios), resultaba directamente obsceno. Por eso bailar con cortes estaba prohibido y los que confundían los cortes con el tango mismo, directamente prohibían el tango. Por supuesto, los susodichos quiebros se aplicaban a todas las especies musicales y así el general Ignacio H. Fotheringham recuerda en sus memorias las mazurcas de quebradas horizontales que se bailaban en el Hotel Oriental.

A esta altura –años 1870/1880– el tango ya está inventado. Los compadritos han aportado la estructura musical, tomada de los bailes convencionales, y el enlazamiento de la pareja; los negros, por su parte, el ritmo y los quiebros del cuerpo. A su vez, los músicos negros que tocaban en las academias comienzan a interpretar partituras de polcas, mazurcas, habaneras, etc. de un modo más propicio para la nueva forma de bailar de los compadritos. Esto viene después; rápidamente, pero de todos modos con posterioridad. Por eso decía bien la morena de *Caras y Caretas* que la milonga –entiéndase el tango– fue creada por el compadrito sobre la música de los negros. Aquella señora, que sospecho analfabeta, fue sin proponérselo la primera historiadora del tango.

En cuanto a la milonga, su nombre es una palabra de los negros, un afronegrismo, que significa "palabras". Cuando los payadores dejaron de cantar bajo los ombúes en medio de la pampa y se acercaron a las poblaciones –cosa que comenzó a ocurrir al alambrarse el campo, después de la conquista del desierto–, se arrimaron a las pulperías y almacenes, y, al son de las palabras que ellos cantaban, los compadritos improvisaban bailes. Esto ocurría en las orillas, en el suburbio. Desde entonces y hasta el arribo del tango andaluz, a todo lo que bailaran los compadritos se le llamaba milonga, aunque se tratara de esa nueva danza procaz, inevitable en las academias, que practicaban al compás de los violines tañidos por los músicos negros.

EL TANGO ANDALUZ

Todavía hoy los especialistas discuten si en la elaboración del tango prevalecieron los ingredientes hispánicos o los africanos. La discusión resulta más bien ociosa, porque los ingredientes hispánicos en cuestión tenían también su cuota de sangre negra. El tango andaluz –que es el que da nombre al nuestro– seguramente llegó a Cádiz desde Cuba, con el simple nombre *tango*, que era el que se daba en la isla a los lugares donde bailaban los negros. Carlos Vega aseguró que el tango andaluz entró en Andalucía poco antes de 1880. Lo cierto es que en la década iniciada en 1881 convivían en Buenos Aires tres especies musicales populares, que diferían en su dibujo melódico pero que tenían un ritmo común: la habanera, la milonga y el tango andaluz. La habanera, como su nombre lo indica, llegó de Cuba, traída por la marinería que venía a cargar tasajo para alimentar a los esclavos de la isla. Vega dice que había aparecido en Cuba a mediados del siglo pasado. El tango andaluz arribó algo más tarde. Como la habanera, era, a la vez, cantable y bailable. Es conocido, entre otros, el *Tango de la Casera*: "Señora casera, ¿qué es lo que se alquila? Antesala, sala, comedó y cocina". En cambio, la milonga es especie lírica: sólo se canta. Sin embargo, hacia 1870, según Vega, por la proximidad con la habanera, se hace bailable. Para Roberto Selles, la milonga tiene también origen cubano: sería la guajira, o punto, con un compás progresivamente adaptado hasta llegar al dos por cuatro. Y agrega Selles: "Pero, aunque en dos por cuatro, la milonga todavía deja ver su ascendencia. En 1910, José María Salaverría observaba que 'las milongas se parecen a las guajiras de Cuba' ".También recuerda Selles –y el dato reviste gran interés– que cuando Urquiza derrotó a Rosas en Caseros, sus soldados brasileños, que componían gran parte de sus tropas, sorprenden a los porteños cantando aquellas guajiras acriolladas y en son de burla o crítica comentan que éstos entonan milongas. En lengua quimbunda, *mulonga* significa "palabra" y *milonga*, "palabras". Para los brasileños de Urquiza, aquellos soldados argentinos cantaban un palabrerío incomprensible.

Durante un par de décadas, la habanera, el tango andaluz y la milonga se confundieron recíprocamente y era corriente llamar a cualquiera de esas especies con el nombre de otra. Por lo general se les llama a todas milonga, porque la milonga era un baile inventado por el compadrito y, entonces, todo lo que bailaba el compadrito se llamaba milonga, como todo lo que bailan ahora los jovencitos de Buenos Aires se llama rock.

Carlos Vega ha visto con gran lucidez el proceso de elaboración del tango, procedente de los bailes sociales y de esas tres especies populares. Nada mejor que reproducirlo: "Al dotar a la milonga de su versión coreográfica, (el compadrito) no hace otra cosa que aplicar a una música más adecuada las sentadas, contorsiones y resbaladas con que había caracterizado su propio modo de bailar la mazurca, la polca o la habanera; y al desaparecer éstas, todo el capital de adquisiciones coreográficas debía ser heredado por la milonga y luego por el tango argentino. /.../ Tal como hoy los músicos componen valses o "foxtrots", escribían entonces habaneras y tangos, pero habaneras cubanas y tangos andaluces, que eran a la vez formas celebradas en el teatro y cantadas por el pueblo. La voz tango no se aplicaba en aquel momento –es claro– al tipo de canción porteña, que aún no había surgido. Tango era, simplemente, el tango andaluz. /.../ Cuando, a partir de 1900, empieza la creación de músicas populares que se presentan bajo el nombre de tango, el compositor necesita numerosos diseños para realizar sus combinaciones. El tango andaluz no puede proporcionárselos porque su representación en Buenos Aires está a cargo de un escaso número de ejemplares harto saqueados: los suministra, pues, en gran parte, una forma análoga, antigua y más rica, la *milonga*. Entonces células, diseños, temas y hasta frases enteras de las milongas pasan a formar las combinaciones melódicas de la danza que surge conservando la denominación de su congénere importado: el tango. Pero ya no tiene del andaluz más que el nombre y puede llamarse con propiedad tango argentino".

APORTE AFROCRIOLLO

Tanguitos andaluces y cantables afrocriollos (por llamarlos de algún modo, no tan caprichoso si se considera que a fines del siglo pasado había en Buenos Aires no pocos negros con varias generaciones de ascendientes nacidos en nuestro país) alternaron durante quince o veinte años compartiendo el rubro "tango". El tango *Bartolo*, de Francisco Hargreaves, músico de buena formación profesional, no es sino el tango andaluz que comienza "Señora casera", que antes de ser *Bartolo* había sido *Andate a la Recoleta. El negro shicoba* cantado el 24 de mayo de 1867 en el teatro Victoria, por el actor panameño Germán Mackay, fue compuesto por un músico profesional, José María Palazuelos. Muchos otros tangos de la década de 1880 suelen mencionarse también, pero habría que ver qué cosa eran realmente. El tango, tal como lo entendemos ahora, data de la segunda mitad de la década de 1890.

Se ha dicho que el primero de los tangos evolucionados es *El talar* (1894), que al menos es el primero de que se tiene noticia y que con él se abandonan las estructuras de una o dos partes de ocho compases cada una. En *El talar* se agrega el "trío" y sus partes constan de doce compases la primera; de dieciséis, la segunda y también de dieciséis la tercera. ¿Es posible establecer que *El talar* data de 1894? Su autor, el uruguayo Prudencio Aragón, el Johnny, había nacido el 28 de abril de 1886 (murió en 1963). En 1894 tenía ocho años de edad. Si realmente hubiera creado *El talar* en 1894, ó 1895, habría sido un prodigio de precocidad.

Menos riesgoso es decir que el primer tango propiamente dicho fue *El Entrerriano*, debido a Anselmo Rosendo Mendizábal, un músico afrocriollo, nacido el 21 de abril (día de San Anselmo) de 1868, de modo que si esa composición data de 1897, como sugieren los Bates, su autor, al componerlo, era ya un mozo de treinta años.

Negro y todo, Mendizábal –que firmó sus composiciones como A. Rosendo– no carecía de lucida prosapia. Su padre, Horacio Mendizábal, fue hombre culto, según lo estableció Luis Soler Cañas; poeta bien relacionado, autor de "Primeros versos" y "Horas de meditación", conocedor del italiano y del francés. El hogar de los Mendizábal, donde nació Anselmo Rosendo, estaba sobre la calle Cuyo (ahora Sarmiento) al 359. El escribano Juan Carlos Etcheverrigaray realizó, en 1970, una investigación sobre la familia Mendizábal, que comunicó a la Academia Porteña del Lunfardo y en cuyo archivo se conserva. Horacio, el padre, murió de fiebre amarilla en la epidemia de 1871 (el 8 de abril de ese año). Cuatro años más tarde, el 29 de mayo de 1875, falleció la abuela paterna, Margarita Hornos de Mendizábal, dueña de la casa donde Horacio había constituido su hogar y, además, de otras dos y de diversos bienes que ella había aportado al matrimonio con Rosendo Mendizábal. Doña Margarita había testado en favor de los miembros de su familia, incluido su esposo, un total de 612.730 pesos de moneda corriente, de los cuales correspondieron al futuro músico 45.329. Ni ese dinero ni lo ganado con sus tangos en una existencia breve pero laboriosa impidieron que Anselmo Rosendo muriera en la pobreza, el 30 de junio de 1913, en una casa de la calle San Salvador 1713.

Puede decirse, como se ve, que A. Rosendo era de buena familia y conjeturarse que aprendió a tocar el piano en el instrumento instalado en la sala de su casa. Compuso *El Entrerriano* cuando tocaba en lo de Laura, un salón situado en Paraguay y Pueyrredón, lupanar de lujo concurrido por gente de bolsillo bien forrado. Ernesto Ponzio sostuvo hasta morir que era él y no el negro quien había compuesto aquel tango. Algunos le creyeron. Sabría mucho de música Mendizábal si escribió la partitura editada por E. E. Prélat y Hno., con el título *El Entreriano* (sic), dedicada a Ricardo Segovia. Esa partitura es posterior seguramente a aquel año, pues al dorso anuncia otras composiciones, cuyos primeros compases transcribe: *La larga*, del mismo Rosendo; *Quién se comió la pera*, de Rafael Russo, dedicado a Pascual Cardarópoli; *Más vale rairse*, de María Elisa Peirano; *Mi redomón*, de Emilio Sassenu, entre otros "tangos criollos", así definidos, inclusive *El Entrerriano*, que en la carátula aparece como "tango para piano". Son tres partes, de dieciséis compases cada una. Un músico muy estudioso y perspicaz, Mario Valdéz, ha dicho que con este tango Rosendo instituyó concluyentemente el tango criollo; un tango más fácil y más accesible que el de los maestros escolásticos. Agrega que la riqueza del ritmo, en esta obra, no estriba en la cantidad de fórmulas usadas, sino en la inteligente combinación de las figuraciones de la mano izquierda con respecto a la derecha, aprovechando los reposos melódicos para jugar con el ritmo propiamente dicho, cuidando de no interferir en la línea melódica cuando ella se mueve en frases largas, y no olvidando variar las fórmulas de la mano izquierda.

Sin duda Mendizábal tenía conocimientos musicales muy superiores a los de los otros tanguistas, que eran por entonces intuitivos. Dejó una obra bastante numerosa, entre la que deben mencionarse los tangos *Z Club* (nombre éste de un grupo de jóvenes juerguistas, encabezado por el escribano Esteban Benza), *Reina de Saba* (nombre de una yegua de carreras), *Polilla* (nombre de un caballo de carreras), *Don Padilla, Tigre Hotel, La larga, La Entrerriana*, etc. Fue contemporáneo de Ángel G. Villoldo y seguramente posterior a otro negro ilustre, Casimiro Alcorta, el más popular de los violinistas que en las academias comenzaron a convertir en tangos –o pretangos– las mazurcas, las habaneras, las polcas, las cuadrillas que los compadritos bailaban con cortes y quebradas.

Seguramente fue Mendizábal el primero que llevó al pentagrama el tango en su forma actual. A Villoldo se lo llama el padre del tango. En realidad el padre del tango fue el compadrito. Casimiro Alcorta, Anselmo Rosendo Mendizábal y Ángel Villoldo son los primeros que llevan el tango de los pies a los instrumentos musicales, al violín, al piano, a la guitarra.

Luego vendría la flauta y, más tarde aún, el bandoneón.

1897

Si no es posible ponerse de acuerdo acerca de la esencia tanguera, de la tanguedad de algunas composiciones contemporáneas que enriquecen el acervo de la música porteña –las de Piazzolla, por ejemplo; las del Piazzolla posterior a su experiencia con Nadia Boulanger–, si hoy mismo el sustantivo *tango* supone una clasificación equívoca, ¿cómo había de ser unívoca cuando la especie comenzó a perfilarse bajo los pies de los compadritos –alpargata bordada o taquito militar–? Tres tangos coexistían al comenzar la octava década del siglo XIX, después de la fiebre amarilla: 1) los tangos "a lo raza africana", que comprendían todo cuanto bailaban los negros, por la sencilla razón de que, en los lugares donde bailaba la gente de color, cualquiera cosa que fuera bailada allí se llamaba tango, lo mismo en Cuba que en Buenos Aires; 2) el tango andaluz, al que Juan María Gutiérrez (en la décima de sus *Cartas de un porteño*, 1876) llamó "tango africano", aludiendo a que había llegado a Cádiz desde Cuba, donde la mano de obra era esclava, y emparentándolo con la zarabanda y la chacona, también importados en España desde las Indias Occidentales; 3) el tango de los compadritos. Lo que define a este último es la quebradura de la cintura (cortes y quebradas) tomada de los negros; el enlazamiento de la pareja, tomado de algunos bailes de salón, por ejemplo el vals, y el soporte musical que la milonga le prestó, junto con su propio nombre, durante cierto período de la gestación.

Lo primero que se llamó tango no era el tango; era el baile de la gente de color, y a veces ni siquiera el baile; a veces, como en el caso de *El negro Schicoba* (el negro escobero), un mero pregón, compuesto por un músico blanco, y además organista de la catedral metropolitana, José María Palazuelos. Como es sabido, lo cantó en un fin de fiesta del teatro Victoria el actor panameño Germán

Mackay, cuyo repertorio era el gran teatro de la época. Encandilado por la palabra *tango*, Francisco García Jiménez dictaminó que la noche del 24 de mayo de 1867 había nacido el tango (cfr. La Prensa del 28 de mayo de 1967). Aquel pregón de negros nada tenía que ver con el tango; ni la designación musical que llevaba, que no era precisamente tango, ni la quebradura del cuerpo, que el pregón no exigía.

Cuando se menciona la aparición del tango en el teatro suele recurrirse a la pieza escénica "Julián Jiménez", estrenada en 1890 por el uruguayo Abdón Arósteguy, quien da, ciertamente, tal designación al cantable que allí se incluye. Este es, empero, un tango "a lo raza africana": "Una negla y un neglito se pusieron a bailá el tanguito más bonito que se pueda imaginá". Cinco años más tarde, en otra pieza escénica, "Ituzaingó", cuando no son negros los que bailan, sino criollos, Aróstegui no habla del tango sino de la milonga.

Todo parece indicar que fue el catamarqueño Ezequiel Soria quien por primera vez llamó tango al tango; quiero decir que dio ese nombre definitivo a una especie musical que se convertiría en la típica del porteño. Las especies musicales populares son siempre abiertas; nada puede darlas por concluidas y cerrarlas de un modo definitivo, y mucho menos puede hacerlo cuando la especie está aún en su etapa de gestación. Es probable que hasta la aparición de *El Entrerriano* en papel, con la designación "Tango para piano", el tango no hubiera podido encontrar su definición. Sin embargo, tampoco esa definición fue para siempre, puesto que se trata de una composición tripartita (1a. parte, 2a. parte, trío). El trío, como nadie ignora, comenzó a desaparecer en la década del 1920, al surgir el llamado tango-canción, especie musical híbrida, aunque robustamente legitimada por el tiempo, que es un juez inapelable.

El tango a que alude Ezequiel Soria en su "revista cómica lírica en verso y prosa" titulada "1892", pese a los cortes y firuletes con que lo trisca la tucumanita, no había de ser un tango tal como lo estaban concibiendo entonces Mendizábal y Bevilacqua. En "El sargento Martín", un acto estrenado el 3 de junio de 1896 en el Teatro de la Comedia, hay un parlamento muy significativo: "–A ver, paisanos, si remojan el tragadero y si esas vihuelas hacen oír una cueca.

–Mejor sería una milonga o un tango. –Aquí en las provincias no bailamos eso. –Amigo, allá en Buenos Aires ¡qué farras! Tango, mazurka y puro corte. –Aquí cuecas, gatos y chacareras".

Aparte de abundar en lo sabido de que la mazurca se bailaba con corte (y una mazurca con corte prefiguraba el tango), el texto distingue claramente entre tango y milonga. ¿En qué se diferenciaba una especie de la otra? No era fácil saberlo, porque la diferencia sólo más tarde saltaría a la vista.

Donde el tango se manifestó decididamente fue, bien se sabe, en "Justicia criolla", estrenado en el teatro Olimpo de la calle Lavalle el 28 de setiembre de 1897. En esa "zarzuela cómico-dramática" musicalizada por Antonio Reynoso, dos veces aparece el tango y las dos convocado por el negro Benito, memorablemente encarnado por el actor español Enrique Gil. En la escena XIV dice Benito: "Cuando bailando el tango (hace la pantomima de lo que va hablando) con ella, me le afirmo en la cadera y me dejo ir al compás de la música y yo me hundo en sus ojos negros y ella dobla en mi pecho su cabeza y al dar la vuelta viene la quebradita... Ay! hermano se me va, se me va... el mal humor". Pero antes, en la escena IX, Benito baila un tango tal como lo había bailado en el Pasatiempo, con su "mina" Juana, cuyo amor conquistó "a puro corte". El parlamento del negro Benito en esa escena constituye un anticipo de la letra del tango.

Mientras no se demuestre lo contrario, mientras no aparezca un texto anterior a 1897 en el que se hable del tango como de una especie musical y danzante independiente y definida, aunque abierta a muchísimas otras incorporaciones, podemos decir que el 28 de setiembre de 1997 bien pudo celebrarse el centenario, si no del nacimiento del tango –puesto que mucho antes se aposentaba en la cadera del compadrito–, sí, en cambio, de su presentación pública, de un hecho danzante definido que ya osa decir su nombre, porque cuando el negro Benito concurría a El Pasatiempo con su mina, en ese lugar no se bailaba nada que se llamara tango. Se triscaban, sí, la habanera, la polca, la mazurca y la milonga. ¡Pero de qué modo! Un cronista de La Nación anotaba: "Las parejas se estrechan, se inclinan, se detienen, corren, ondulan, se aprietan y como un tirabuzón musical giran y dan vueltas".

LA BIFURCACIÓN

Una noche de 1995 tres parejas de bailarines habían actuado casi acrobáticamente sus tangos sobre el escenario de un restaurante céntrico, atestado de turistas que al final del espectáculo tendrían oportunidad de llevarse un preciado souvenir: el de su propia fotografía tomada mientras bailaban formando pareja con alguno de los artistas. Declaro que me encanta ver a estos chicos y chicas jóvenes, con atuendos donde suelen confraternizar el gacho gris y el traje de soirée. Mi amigo e invitante me susurró sobradoramente al oído: "Dígame, usted que sabe, si los compadritos de 1900 bailaban el tango como estos mequetrefes". "Nada es igual a lo que era hace cien años, ni siquiera Tania", le dije. Perogrullo pensaba lo mismo, pero no por eso se creía un filósofo. Lo que ocurre es que no todos se aconsejan con Perogrullo.

Sin proponérselo, mi amigo había planteado el tema de la evolución del tango. Y me permitió recordar que esa evolución –que en lo musical ha llegado hasta Piazzolla y en lo literario, hasta Ferrer– se inició por el costado de la danza. Antes de que Mendizábal y Bevilacqua, Aragón y Miguel Tornquist, De Bassi y el mismo Villoldo dieran estructura musical a la coreografía tanguera, ésta ya había evolucionado. Me valgo, para afirmarlo, de dos testimonios, procedentes el uno y el otro del teatro. En "Justicia criolla", dice el protagonista: "Luego, en un tango, che, me pasé y a puro corte la conquisté". Parece quedar en claro que el tango era entonces "puro corte" y que la compañera sabía adecuarse a las quebraduras que los bailarines imprimían a su cuerpo. Han pasado apenas cinco años y, en 1902, Enrique Buttaro presenta su sainete "Fumadas". También hay allí un compadrito que baila con su mina. Como el negro Benito en la pieza de Soria, el compadrito Pucho identifica el tango con el corte, es decir, con la quebradura del cuerpo, que uno y otra son la misma cosa. Recordemos el diálogo: "Pucho: Decime, ¿sabés bailar? Rosa: Ya lo creo. Pucho: Entonces la semana que viene te via a llevar a un baile para que nos calentemos los chifles. Rosa: Bueno, bueno. Pucho: ¿Sabés meterle de aquí? (Hace un corte). Rosa: ¿Qué es eso? Pucho: ¿No ves, otaria, que es un quiebro? Rosa: Ah, yo no... Yo bailo a la moda".

Cuando nace el siglo ya hay dos maneras de bailar el tango: una produjo el llamado tango con corte y la otra, el tango liso. Por supuesto, ninguna de estas maneras era químicamente pura. El tango con cortes se aquietaba, a veces, en atención a la impericia de la bailarina; el tango liso recurría en ocasiones al corte para no perder su identidad tanguera.

Vale la pena recordar el tango bailado por Pucho: "Poné atención... Echále arroz a este guiso. Este golpe es pa lo que dispués te via a decir. En esta güelta tenés que tener cuidao de no caerte. Aquí, medio entrecruzás los chifles y te venís pa delante. Así... Y en esta refistoleada te preparás para el golpe. ¿Te enteraste? Echále arroz a este guiso. En esta caída te venís pa un lao y movés... lo que dispués vas a saber. Aquí hacés una media luna... Dispués te hacés un ovillo y ponés en juego (le habla al oído). ¿Sabés? Cuando yo me quiebro así, por ejemplo, vos te preparás pal golpe y hacés un firulete... con lo que te dije".

Parece obvio que en el tango con corte las caderas de la mujer jugaban un papel tan importante como en ciertos bailes afrocubanos. De la intención de esos movimientos, de la forma más o menos zafada de ejecutarlos, dependía la obscenidad del tango.

Los bailados por Benito y por Pucho son, naturalmente, tangos de escenario, puesto que en el escenario se desarrollan, pero son también tangos realistas, que tratan de copiar al tango tal como se lo bailaba en la realidad cotidiana. No puede decirse lo mismo, en cambio, de los tangos de escenario presentados en las comedias musicales (en los que se destacaron Víctor Buccino y Julia y Lalo Bello) y, ahora, en los shows. Mi impresión es que el tango de escenario actual –el tango de fantasía– procede directamente del tango con corte y, en consecuencia, está más próximo al baile de los compadritos de cuanto pudiera haberlo estado el tango que se bailaba en los cabarés, fueran éstos el Garrón, de París, o el Marabú, de Buenos Aires. Los bailarines de quienes se burlaba mi amigo toman las quebraduras del cuerpo, los cortes, del tango de Benito y de Pucho, las estilizan, es decir, las someten a una refinada reelaboración, les ponen algo de ballet, algo de acrobacia, una fuerte cuota de erotismo, su pizca de caricatura, su poquito de nostalgia y no olvidan la compadrada, que está en el carozo mismo del tango. El tango del Garrón y del Marabú procede, en cambio, del tango a la moda, que decía Rosa en el sainete de Buttaro. Ése es el tango de Vicente Madero, de Ricardo Güiraldes, de Juan Carlos Herrera y, supongo, también el del barón Megata (aunque esto no lo aclara el doctor Luis Alposta, que redescubrió al barón en un libro indispensable y lo evocó más tarde en un lindo tango). Tal vez la síntesis de esas dos maneras la haya logrado El Cachafaz, Ovidio Bianquet, de quien dice su más famosa partenaire, Carmencita Calderón, la piba sin tiempo, que nadie se paraba como él. Ese pararse no era sino la compadrada primigenia, la compadrada embrionaria del tango, el sello arrabalero, la vieja impronta lupanaria que el barón De Marchi tapó con el smoking y la camisa de plancha cuando Bernabé Simarra lo bailaba todavía en París, sobre alfombras persas, con chiripá y botas provistas de enormes espuelas de plata.

ÁNGEL VILLOLDO

En marzo de 1913, la casa Tagini publicaba un catálogo en el que, entre otros intérpretes, figuraba Ángel Gregorio Villoldo, a quien llamaba "el 'papá' del tango". Ofrecía, a $ 2 cada uno, veinticuatro discos de ese artista, que registraban cuarenta y ocho composiciones. De ellas, sólo seis eran tangos: el resto se trataba de canciones criollas, recitados, diálogos a veces humorísticos. Días más tarde, la misma casa, que tenía su sede en la esquina sudoeste de la avenida de Mayo y Perú, anunciaba treinta discos de la orquesta de Juan Maglio (Pacho): sesenta composiciones, de las cuales cuarenta eran tangos. También ofrecía seis discos de la orquesta típica de Vicente Greco, con doce tangos, todos compuestos por el director del conjunto. Villoldo, pese a la frase publicitaria de la casa grabadora, tomada quizá del eslogan publicitario del vermouth Corá, y aun habiendo compuesto tangos tan bellos como *El Choclo* y *Una fija*, no era propiamente un tanguista, sino, más bien, un artista de varieté.

Había nacido en Buenos Aires el 16 de febrero de 1861 (según estableció Orlando del Greco) y moriría en la misma ciudad el 14 de octubre de 1919. Cuando, con el tango *El Choclo*, se reveló como músico, ya tenía cuarenta y dos años y era muy popular. La revelación ocurrió en noviembre de 1903, cuando el músico rosarino José Luis Roncallo, quien, al frente de una orquesta de música ligera, espiritualizaba las veladas del Hotel Americano de Domingo Gando (Cangallo, ahora Perón, 966), incluyó en su repertorio algunos tangos camuflados de danzas criollas, entre ellos *El Entrerriano*, de Rosendo Mendizábal; *Joaquina*, del pianista Juan Bergamino, y *El Porteñito* y *El Choclo*, de Villoldo. En 1905, Villoldo editó *El Choclo* y lo dedicó a Roncallo. Poco después, el 25 de diciembre de ese año, una cupletista uruguaya, Lola Candales, cantaba la letra titulada *La Morocha*, que Villoldo había escrito (para el tango *Metéle fierro hasta el fondo,* de Enrique Saborido) glosando un poema de Orosmán Moratorio. Por primera vez un tango era interpretado por una profesional del canto. Con *La Morocha* nació el tango canción. Llamar a Villoldo el padre del tango canción sería menos impropio que llamarlo "el padre del tango" como hicieron Héctor Bates y Luis J. Bates.

Puede decirse, en efecto, que Villoldo creó la letra del tango, pero debe agregarse también que la creó sobre el modelo de los cuplés en boga. Los cuplés entonados por las cupletistas y las tonadilleras, ya fueran españolas o criollas, comenzaban casi siempre con la frase "Yo soy". "Soy un rayo de mi tierra", cantaba La Goya; "Yo soy la flor y nata de los Madriles", declaraba Pastora Imperio. *La Morocha* comienza "Yo soy la morocha", y otras letras de Villoldo, "Soy el rubio más compadre", "Soy el criollo apasionado", etc. El modelo del cuplé fue adoptado también por diversos letristas: "Soy el taita de Barracas" escribió Silverio Manco en 1907; "Soy la pebeta apodada la paisana", versificaba Julio P. Escobar, todavía en 1916. Casi todos los temas eran rufianescos: los protagonistas siempre se jactaban de ser óptimos bailarines, infatigables juerguistas y en algunos casos explotadores de mujeres más o menos inocentes. Los tangos cantables de Villoldo son, en su mayoría, por su letra, verdaderos cuplés malevos o cuplés de canfinfleros. La actual letra del tango comenzará más tarde, hacia 1916, y será una creación de Pascual Contursi.

Por otra parte, fue Villoldo un hombre de talento múltiple. Cantaba acompañándose con la guitarra; otras veces, ejecutaba al mismo tiempo la guitarra y la armónica; recitaba monólogos y representaba diálogos. Con Alfredo Gobbi y la mujer de éste, Flora Rodríguez, llenó una época del varieté porteño. Como compositor musical produjo una obra numerosa y heterogénea: tangos como *El esquinazo, Ricotona, Un mozo bien, De farra en el cabaret, Yunta brava, Elegancias* (dedicado a la revista del mismo nombre que Rubén Darío dirigía en París, en 1911); aires nativos, como "Carbonada criolla"; canciones, como "Cantar eterno" y "La promesa"; un gran número de mazurcas, habaneras, marchas, tonadillas, shotis, valses, cuplés, pasos de zarzuela (como *Cuidado con los cin-*

cuenta, definido como tango), etc. Y como poeta popular publicó no pocos diálogos de compadritos en revistas tales como *Caras y Caretas, Fray Mocho* y *Papel y Tinta*. Diecinueve de ellos reunimos en volumen, con Eduardo Stilman, en 1964. En 1913, "el tenor Carlos Gardel" y Villoldo convivían en los catálogos de la casa Tagini. ¿Cuál fue la relación entre las dos figuras más importantes del tango canción, cuyas actuaciones públicas coincidieron durante más de un lustro? Sin duda se admiraban recíprocamente y ciertamente no se celaban ni se consideraban competidores. Obsérvese que casi dos años antes de que el dúo Gardel-Razzano grabara el *Cantar eterno*, de Villoldo, éste, en su diálogo "Cosas de la vida", publicado en la revista *Fray Mocho* el 17 de diciembre de 1915, hacía dialogar así a dos de sus personajes: "–En este momento vengo de hablar con un empresario que va a formar una 'troupe' pa laburar en un tiatro, y que quiere contratarme pa dirigir los ensayos de una gran obra gauchesca que estrenarán los muchachos que forman la compañía y que será un exitazo y donde voy a cantar un estilo provinciano repleto de melodías y más tristón que Gramajo. –¿Le vas a hacer competencia al dúo Gardel-Rezzano?". Por entonces, Gardel-Razzano cantaban en las representaciones que la Compañía Tradicionalista Argentina, dirigida por Elías Alippi, ofrecía en el teatro San Martín. El 17 de diciembre, Carlos Gardel aún convalecía del balazo que le había descerrajado el patotero Roberto Guevara, a la salida del Palais de Glace, en la madrugada del 11 de ese mes. En cuanto a Razzano, no era la primera vez que le escribían mal el apellido.

TANGOS PARA SUFRIR

Aún antes de convertirse en música, el tango ya se hacía escuchar. Era todavía el baile de lupanares y de conventillos y faltaba mucho tiempo para que el barón Antonio María De Marchi le franqueara los portales de los salones aristocráticos; mucho también para que Contursi y Gardel lo convirtieran en canto, cuando ya lo tañían los pequeños conjuntos trashumantes en los palquitos de los cafés, a donde la gente no acudía a bailar, precisamente, sino a lo sumo, a marcar el compás con las cucharitas y, sobre todo, a hacer su catarsis con las cuatro notas lloronas que dijo Enrique Delfino. Más allá de lo de Laura, lo de la Vasca, lo de Mamita, la geografía del tango está jalonada por un gran número de cafés, y fue en ellos donde los primeros tanguistas profesionales pudieron acercarse a la gloria.

Juan Maglio –Pacho– debutó en un café de Barracas, "El Vasco". Ello ocurrió en 1899. En 1913 tendría su propio café, en plena calle Paraná 420, el "Ambos mundos", donde el compadraje escuchaba como en misa. El bandoneón de Pacho –decía el vespertino Crítica, recién creado por Natalio Botana– "llora, se ríe, se ahoga, grita y modula milongas sentimentales, que hacen contonear los hombros, enroscar la pierna y quebrar la cadera". Para entonces, Maglio –quien se había iniciado en los lupanares de la campaña– ya había tocado también en el café "La Paloma", sobre la calle Santa Fe, frente al Maldonado.

En 1908, Francisco Canaro tocaba con su trío (Samuel Castriota al piano, Vicente Loduca al bandoneón y él mismo al violín) en el café "Royal" de la esquina boquense de Suárez y Necochea. Y recordaba Canaro: "Frente mismo al 'Royal' existía otro café de igual importancia y modalidad en el que tocaban los hermanos Vicente y Domingo Greco. A la vuelta, por Suárez, a unos treinta metros de distancia, estaba el café 'La Marina', en el que tocaba Genaro

Espósito (el Tano Genaro). Enfrente de 'La Marina', en otro local de la misma índole, tocaba Roberto Firpo. A la vuelta, por Necochea, lugar también de diversión, tocaba Bernstein (El Alemán), quien acostumbraba tener a su costado, mientras ejecutaba, una enorme pila de fieltros de medios litros de cerveza, pues decía que sin mojarse a cada rato el garguero no podía tocar, y así se lo pasaba continuamente en curda. En la esquina de Suárez y Necochea, haciendo cruz con el café 'Royal', existía un gran 'Café Concert', tal vez uno de los más importantes de la Boca, y en él actuaba Ángel G. Villoldo, uno de los más genuinos compositores de nuestro tango".

En uno de los cafés donde tañía su violín y comandaba sus cuartetos, conoció Canaro a Eduardo Arolas. Pirincho Canaro tenía 21 años y Arolas, 17. El pibe llevaba en su memoria, porque no sabía leer música, su tango *Una noche de garufa*. La notación musical la aprendería un poco más tarde, pero ni falta que le hacía: él no creaba sobre un pentagrama sino sobre el teclado de su bandoneón. Más tarde, Arolas tuvo un efímero café a su medida, llamado precisamente "Una noche de garufa" y, antes de triunfar en el centro, pasó por muchos otros.

Osvaldo Fresedo –uno de los creadores, con Juan Carlos Cobián y Julio De Caro, del tango música– comenzó su carrera sobre un palquito: "En un café cuyo nombre ya ni recuerda –escribía Héctor Bates en 1935– debutó la noche de un sábado, acompañado por Martín Barreto a la guitarra y su hermano Emilio al violín. Al poco tiempo, lo buscaron para que tocara en el café 'Maldonado', frente a los cuarteles de Palermo. Allí estuvo por espacio de un mes, más o menos, junto a Antonio Basso y Enrique Modesto, piano y violín, respectivamente, abandonando ese local para irse con Aróztegui a Rivera y Canning y, más tarde, al 'Venturita', de la calle Triunvirato. Tiempo después ingresó al conjunto que actuaba en el 'Tontolín', de la misma calle antes citada".

En un café inició su carrera Pedro Maffia –a quien su padre le había fomentado la vocación tanguera llevándolo de niño a escuchar a Maglio en el "Gariboto"– y en otro café de Villa del Parque descubrió Julio De Caro, en 1925, al bandoneonista Pedro Blanco

Laurenz, donde era ladero de Enrique Pollet, y se lo llevó de ladero a Pedro Maffia, en reemplazo de Luis Petrucelli.

Compadres y laburantes iban ya a fines del siglo pasado a llorar amores esquivos o a hacerse el bocho (como ahora se dice) con romances de fantasía, mientras los fueyes llenaban de virutas sonoras un ambiente poblado de humo. El tango para escuchar no lo inventaron ni De Caro cuando inauguró la guardia nueva, ni Pugliese con *La yumba,* ni Argentino Galván con su orquestación de *Recuerdo de bohemia,* ni Mores con *Tanguera,* ni Piazzolla con *Adiós, Nonino.* El tango para escuchar viene de los cafés. Y sea permitida la insolencia de decir que con los recursos técnicos dominados por Galván y Piazzolla hacerse escuchar no era una proeza. Lo era, en cambio, que Pacho se hiciera escuchar por el compadraje, con devoción ritual, mediante la modesta musiquita de un cuarteto que tocaba a la parrilla, al solo influjo de su fueye, donde parecían resollar las nueve musas.

METAMORFOSIS EN PARÍS

Ricardo Güiraldes hizo su primer viaje a París en 1910 y allí se quedó hasta 1912. En 1911 escribió su poema "Tango", que comienza así: "Tango severo y triste / Tango de amenaza en que cada nota cae pesada y como a despecho, / bajo la mano más bien destinada para abrazar el cabo de cuchillo". Ése no era, ciertamente, el tango de las academias y de los peringundines, alegre y desfachatado, más obsceno que triste. Pero algún parentesco guardaba con ese tango de bajo fondo, que otro poeta –Julián Enciso– había retratado en 1908 del modo siguiente: "Tienes el gesto típico de los matones / y aquilatan la injuria con que prosternas / la esgrima tenebrosa de los facones / y la musa plebeya de las tabernas".

El tango, seguramente, se le había anticipado en París a Ricardo Güiraldes. Reinaba allí más o menos desde 1906. En 1907 habían estado, grabando discos para la casa Gath & Chaves, Ángel Villoldo, Alfredo Gobbi y la mujer de éste, Flora Rodríguez. Estos popularísimos artistas llevaron el tango al disco, pero dudo de que lo hayan llevado también a los pies de los franceses. Fueron los jóvenes de la alta sociedad porteña –entre ellos el mismo Güiraldes, Vicentito Madero, Daniel Videla Dorna y otros de su mismo rango– quienes introdujeron en Francia el tango danza, aunque no ciertamente el que se bailaba en las academias, ni en lo de Laura o lo de La Vasca, sino en una versión más lenta, más reconcentrada, más erótica que lasciva.

Algo después arribó Antonio Lopes de Amorim Diniz, un odontólogo de la ciudad de Bahía, que llevaba la representación de un producto farmacéutico. Amorim era un fracasado bailarín de ballet. En París advirtió el interés suscitado por la nueva danza, aprendió a bailarla y en 1910 abrió una academia en el Dancing Palace del Luna Park, a la entrada del Bois de Boulogne, con el seudónimo L. Duque.

Vestido de frac, Amorim enseñaba a bailar un tango bastante parecido a la maxixa a damas muy de vestido largo. El apuesto profesor había hecho ya una demostración de tango en Ciro's, con una bailarina griega, Crisis, en 1909. En poco tiempo se convirtió en una de las grandes figuras del varieté europeo.

Seguramente las primeras partituras de tango que se ejecutaron en Francia fueron las de Villoldo: *El Choclo, El Porteñito, El esquinazo, La budinera, Tan delicado el niño, Chiflála que va a venir, Elegancias.* Sem (Georges Goursat), gran caricaturista francés, publicó en 1912 un folletín titulado *Les possedées.* Allí registró aquel éxito fulminante de popularidad. En sus páginas evocó al gaucho Simarra (el bailarín Bernabé Simarra) "con su perfil agudo de pico de tomahawk" (hacha de guerra de los pieles rojas); anotó el nombre de algunas composiciones a cuyo son se bailaba –*Laura, Queca, Mordéme la camiseta, Lolou, Primerose*– y trazó una descripción que no desmiente la de Güiraldes: "Baile singular. Ni una risa, ni un estallido de voz, ningún rumor de fiesta. Nada más que una música sombría y angustiosa y el deslizamiento de los pies sobre el parquet. Esas evoluciones desconcertantes, esa casi inmovilidad atormentada, nada tienen de la danza, ni su arrebato, ni su alegría física ni su delirio de movimiento".

Como se ve, el baile del tango cambió sus características en París. Ya hemos visto que desde muy temprano hubo en Buenos Aires modos y estilos distintos de bailarlo. Las quebraduras del cuerpo fueron quedando por el camino y, sin duda, el que los niños bien llevaron a París era el llamado tango liso, principalmente creado por los inmigrantes, quienes carecían de la facilidad con que el compadrito imitaba el ritmo africano.

Pero ha de haber sido París donde el tango pasó del dos por cuatro (dos negras por compás) al cuatro por ocho (cuatro corcheas por compás). Las partituras siguen indicando 2/4, pero el músico entiende 4/8. El 2/4 se mantiene en la milonga.

Los bailarines argentinos que viajaron a París como profesores de tango –Enrique Saborido, a quien acompañó el pianista Geroni Flores; Francisco Ducasse, Marino Podestá, Juan Pasquariello Lastra, Juan Carlos Herrera, Casimiro Aín y su compañera Edith

Peggy– adoptaron el tango a la francesa y lo trajeron a Buenos Aires, donde otros bailarines –el más ilustre, Ovidio Bianquet (a) El Cachafaz– mantenían la vigencia de la quebrada. Los músicos, que a partir de 1913 comenzaron a animar las fiestas de los salones aristocráticos –Vicente Greco y Francisco Canaro– también se afrancesaron, por decirlo así.

El compadrito siguió quebrando la cintura, aunque a sus quiebros los llamara cortes, pero eso siempre fue mal visto; tan mal visto que hasta se lo reprimió policialmente.

LA PRIMERA DÉCADA

Durante la primera década de este siglo que se va, el repertorio de tangos crece notablemente. Para 1910 –el año del centenario– ya se han difundido, además de las composiciones citadas anteriormente, *Pare el tránguay, mayoral*, de Carlos F. López Buchardo; *Venus, Apolo, Minguito*, de Alfredo Bevilacqua; *Ma qui fu, Auxilio, La catrera*, de Arturo De Bassi; *La barra fuerte*, de Francisco Canaro; *El irresistible*, de Lorenzo Logatti; *Don Juan*, de Ernesto Ponzio; *El Maco*, de M. J. Tornquist; *El séptimo cielo, La cara de la luna, Sargento Cabral, La metralla, Muy de la garganta*, de Manuel Campoamor; *El purrete, Guido*, de José Luis Roncallo; *Joaquina*, de Juan Bergamino; *No empujés... caramba*, de Santo Discépolo; *Gaucha Manuela*, de Roberto Firpo; *El Morochito*, de Vicente Greco, y muchísimos más. La nómina continuaría creciendo, naturalmente, en la década siguiente.

No existían, al comenzar el siglo, los que ahora se llaman medios de comunicación masiva. En las décadas posteriores, la radiofonía fue la gran difusora del tango, pero, por entonces, la difusión estaba librada a tres medios: el organito, los pequeños conjuntos de músicos ambulantes y, al final del segundo lustro, los gramófonos.

Tampoco tallaban ya los compadritos criollos y los italianos acriollados de La Boca, que habían asumido el tango como una devoción; pero existían muchos otros cuando el organito, que se cariaba las teclas moliendo habaneras, como había escrito Leopoldo Lugones en su *Lunario sentimental*, comenzó a moler tangos. Entonces, los compadritos formaban parejas entre ellos y bailaban sobre la acera. Evaristo Carriego dejó instaladas en uno de sus poemas aquellas escenas: "En la calle, la buena gente derrocha sus guarangos decires más lisonjeros, porque, al compás de un tango que es *La Morocha*, trazan ágiles cortes dos orilleros".

El organito inmigró en la Argentina con los italianos y los españoles, hacia 1870. José Roncallo –padre del músico–, oriundo de Génova, era socio, en Buenos Aires, de la firma Rinaldi-Roncallo para la fabricación de pianos a manija, pianolas y organitos, ya en 1875, cuando nació el autor de *El purrete* (así lo estableció el historiador rosarino Héctor Nicolás Zinni). A fin de siglo rodaban por la ciudad más de doscientos organitos. En 1902, el intendente municipal, que lo era el martillero Adolfo J. Bullrich, pretendió cobrar patente a los organilleros. Luis Pardo, quien, con el seudónimo de Luis García, publicaba preciosos versos humorísticos, le enjaretó al edil una "Reclamación Filarmónica" en la que le decía: "La vida fuera muy triste suprimiendo el organillo. Además, si usted insiste y el organillo no existe, morir debe el conventillo. Esas aglomeraciones de gente que en condiciones pésimas de higiene vive, ¿cómo que vivan, concibe, sin polkas ni rigodones? Con frío, calor o fango, allí su vida prolonga la gente, bailando un tango, o al compás de una milonga o los sones de un fandango".

Los músicos populares, casi todos orejeros (es decir, que no conocían la notación musical y sólo se valían de su buen oído) cultivaban, por lo general, el violín, la flauta, la guitarra y otros instrumentos transportables. El primer conjunto organizado por Francisco Canaro, con el que debutó en lugares non sanctos de la campaña bonaerense, estaba integrado por violín, mandolín y guitarra. Eso ocurría en 1906. Juan Carlos Bazán, el autor de *La chiflada*, se inició en un grupo de dos violines (a cargo del Pibe Ernesto y su trío), un arpa india y el clarinete que soplaba el mismo Bazán. Luego pasó a otro de guitarra, flauta, clarinete y violín. Augusto P. Berto, cuando en 1906 compuso *La payanca,* tocaba el bandoneón en un cuarteto completado por violín, flauta y guitarra.

Estos conjuntos difundían los tangos desde los palquitos de los cafés y los bares, muchos de los cuales han pasado a la historia de la vida cotidiana de la ciudad. En los más importantes solía haber un piano. En la mayoría, la marcación del ritmo corría por cuenta de la guitarra.

Envuelto en un aura pecaminosa, el tango pugnaba entonces por abrirse camino. En los bailes sociales se lo rechazaba, pero sonaba en los pianos familiares, tañido por la niña que iba al conservatorio, a quien el hermano tarambana proveía las partituras. Durante el carnaval podía llegar a los teatros más conspicuos –el Politeama, por ejemplo, prestigiado por las cantantes y los trágicos más famosos del mundo–. Allí se organizaban bailes –costumbre que persistiría durante cuatro décadas– y los compadritos triscaban a pata suelta. En 1905, la revista *Caras y Caretas* publicó la crónica de un baile realizado en el teatro Victoria. Mencionaba allí al malevaje agrupado en el fondo de la sala; a la gente bien, en los palcos y luego la orquesta. Cuando ésta irrumpió, "el chinerío y el compadraje" (ellas, de largo; ellos, tocados, asimismo, con sus chambergos) formaban parejas y se deslizaban "hamacándose cadenciosamente, voluptuosamente, como si en ese baile pusieran todos sus deseos".

EL TANGO Y LA IGLESIA

La primera década de este siglo cerró con dos acontecimientos auspiciosos para el tango. A fines de 1909 se inauguró el Armenonville, sobre la esquina de Tagle y Avenida del Libertador. Se trataba de un cabaret de gran lujo, análogo al homónimo que funcionaba entonces y aún persiste en el Bois de Boulogne de París. Los jóvenes de la alta sociedad y los hijos de familias pudientes dispusieron, a partir de ese momento, de un lugar distinguido para bailar el tango, bien que con cocotas y señoras de vida ambigua. El otro acontecimiento fue el estreno del tango *Independencia*, de Alfredo Bevilacqua (1874-1942), pianista de buena formación, quien, al frente de una banda de música, lo presentó en la Plaza de Mayo: era la adhesión del tango a los festejos del primer centenario de la Patria.

La segunda década es, sin duda ninguna, la más rica de la historia del tango, abundante en acontecimientos de gran trascendencia a los que es indispensable referirse. Uno de ellos es el baile ejecutado por dos jóvenes de la nobleza romana ante el papa San Pío X.

Los obispos franceses fustigaron severamente el tango cuando éste hizo irrupción en París. Lo mismo que nuestros grandes escritores Leopoldo Lugones, Enrique Larreta y Carlos Ibarguren, aquellos prelados consideraban que el tango era un baile lascivo y obsceno. Lo fulminaron entonces con fogosas cartas pastorales que encontraron imitadores en otros países. Pero el tango seguía su camino sin que la Iglesia se pronunciara oficialmente ni a favor, ni en contra. Así las cosas, a comienzos de 1914, algunos jóvenes romanos comentaron con el cardenal secretario de Estado, el español Merry del Val, que les habría gustado bailar el tango, pero que no lo hacían porque los obispos enseñaban que bailarlo era pecado. Merry del Val lo comentó con el Papa y éste le manifestó su deseo de ver bailar un tango para poder formarse una opinión personal al respecto. Se convino entonces que dos miembros de la aristocracia romana, un joven y una joven que eran hermanos, ofrecieran al Papa la demostración que deseaba. Así lo hicieron, aunque lo mostrado al Pontífice era un tango ad hoc, purificado por el profesor Pichetti, maestro de baile muy reputado en Roma. Al Papa le pareció que el tango era más bien aburrido y aconsejó a los jóvenes que aprovecharan el tiempo de carnaval para intentar bailar la furlana, una danza de su propia tierra –el Véneto– que alternaba en los álbumes de composiciones bailables editados en París con el vals lento, el onestep, la maxixe y el tango francés. Pero en ningún momento Pío X se pronunció contra el tango y es mentirosa la letrilla inventada en España según la cual "el tango es una gran languidez y por eso lo prohibió el papa Pío X".

La mala fama del tango persistió, sin embargo, en Europa, y diez años más tarde, afianzada ya la paz de Versailles, otro Papa, Pío XI, quiso tener su propia experiencia. Fue entonces cuando el embajador argentino ante la Santa Sede, Daniel García Mansilla, le acercó una pareja de bailarines de tango. García Mansilla ya era ministro plenipotenciario en el Vaticano en 1914, aunque no parece haber intervenido en la demostración ofrecida a San Pío X. Escritor, poeta y diplomático de carrera, representó luego a la Argentina ante diversos países y en España desarrolló una valerosa tarea humanitaria durante la guerra civil. A los 84 años obtuvo autorización para ser ordenado sacerdote y murió tres años más tarde.

Lo cierto es que el 1° de febrero de 1924, a las 9 de la mañana, ingresó Casimiro Aín, El Lecherito, en la Sala del Trono, acompañado por la señorita Scotto, traductora de la embajada argentina. Cuando el Pontífice se lo ordenó, con suavidad y energía, los danzarines trazaron filigranas al compás del tango *Ave María,* de Francisco y Juan Canaro, interpretado en armonio por un músico pontificio. Concluida la danza, en la que Aín incluyó una figura creada en el momento, que colocaba a la pareja de rodillas ante el Papa, éste se retiró de la sala sin hacer comentario alguno. Agreguemos que el tango *Ave María* había sido grabado por la orquesta de Francisco Canaro en 1923. El título no es un saludo a Nuestra Señora sino la interjección castellana *ave María,* que denota asombro o extrañeza. Las referencias puntuales a la presentación de Aín frente a Pío XI fueron formuladas por primera vez por el diplomático y novelista Abel Posse.

Con relación al juicio que el tango merecía a la Iglesia, la Junta de Historia Eclesiástica dependiente del Episcopado Argentino, con la firma de su presidente, Guillermo Gallardo, y de su secretario, Fray José Brunet, O. de M., cursó a la Academia Porteña del Lunfardo, el 3 de noviembre de 1967, la siguiente comunicación: "Tenemos el agrado de dirigirnos al señor Presidente de la Academia Porteña del Lunfardo y, en respuesta a la solicitud dirigida a la Junta de Historia Eclesiástica Argentina con fecha 2 de octubre, sobre si existió una prohibición eclesiástica formal del tango, o si la Santa Sede o la autoridad eclesiástica local condenó ese baile y qué carácter revistió la condena, en caso de haber existido, le manifestamos no tener conocimiento de prohibición expresa alguna sobre el particular ya que, bajo el aspecto moral, tanto éste como los de su género se hallan comprendidos en los principios generales de la moral".

LA CREMA DE LA INTELECTUALIDAD

En la segunda década de este siglo el tango aprobó el examen papal y además conquistó a la intelectualidad francesa, a punto que llegó orondamente al Instituto de Francia en el verbo florido del para entonces más famoso poeta gabacho. Jean Richepin (Jean August Ernest Jules Richepin, 1849-1926) hoy es ignorado por más de una enciclopedia, pero en 1913 era famosísimo. En 1876 había publicado *Chanson des gueux* (Canción de los vagabundos), libro que le valió un mes de cárcel porque el juez de turno entendió que invitaba al vicio y al crimen. Luego escribió cuentos, novelas, obras escénicas y el 5 de mayo de 1908 fue nombrado miembro de la Academie Française, lo que hacía de él un "Inmortal". Antes de morir tuvo tiempo todavía de recibir la Corbata de Comandante de la Legión de Honor.

El sábado 25 de octubre de 1913 las cinco academias nacionales de Francia realizaron su sesión anual conjunta –todas ellas forman el Institut de France–, con la presidencia de Noël Valois, titular de la Academia "des inscriptions et belles lettres". Cinco fueron los oradores –uno por cada academia– y en nombre de la Academie Française habló Jean Richepin. Su discurso versó "A propos du tango" (A propósito del tango). Fue la de Richepin una pieza galana y fantasiosa. El orador trató de demostrar que el tema interesaba a las cinco academias; se remontó a la mitología, a los espartanos de las Termópilas, a Esquilo. Fue aquel un alegato en favor del tango, al que los obispos de Francia veían con malos ojos. ¿Qué importa –dijo– el origen extranjero y popular de una danza? ¿Y qué importan su carácter y su figura? "Nosotros afrancesamos todo, y la danza que nos gusta bailar se hace francesa. Y entonces no hay por qué ver en la manía actual por el Tango sino el regusto de nuestro tenaz amor a la danza, y alegrémonos porque la Francia es como la Grecia antigua, y sólo con ella, un país donde la danza es necesaria para vivir". Aquel famoso discurso de Richepin fue publicado por la Academia Porteña del Lunfardo, en edición bilingüe, en el año 1988.

Se hallaba presente en el salón donde hablaban los académicos don Leopoldo Lugones, el gran poeta del *Lunario sentimental* y *Los Poemas Solariegos*. Lugones envió al día siguiente al diario La Nación una correspondencia en la que decía que hay temas imposibles, dado su bajeza, y que el tango es uno de ellos. Más tarde Lugones llamaría al tango "reptil de lupanar". A La Nación le escribía: "El objeto del tango es describir la obscenidad (...) resume la coreografía del burdel, siendo su aspecto fundamental el espectáculo pornográfico. Si se le quita este aspecto, conviértese en una monótona habanera, que resultaría insípida hasta la necedad, para sus actuales devotos". El gran poeta, sin proponérselo, estaba dando razón al buen cardenal Amette, arzobispo de París, que había prohibido a sus fieles bailar el tango.

Semanas más tarde, el 30 de diciembre de 1913, Jean Richepin presentaba en el Théâtre Atenée su comedia en cuatro actos "Le Tango", que firmaba conjuntamente con su esposa. Los papeles principales corrieron por cuenta de las actrices Eve Lavallière, que interpretaba (vestida con ropas masculinas) al príncipe Zigi de Lusignan, y la señorita Spinelly, que representaba a la princesa Marie Thérèse, esposa de Zigi. La pieza, de vasto reparto, era larga y tediosa. En un momento, sin embargo, la Lavallière y la Spinelly bailaron algo que quería ser un tango. A Enrique Gómez Carrillo, el gran cronista guatemalteco, que sería esposo de Raquel Meller, más que un tango le pareció una maxixa. Las cosas andaban muy mezcladas por entonces en París. Pero no fueron los únicos que bailaron tango en el cuarto acto de la pieza. Por lo menos seis parejas se desplazaron al compás de vaya a saber qué composición tañida en una guitarra española (entre otros instrumentos), frente a quien sería un gran actor del cine francés, Harry Baur, en el papel de antiguo preceptor del joven príncipe Zigi. Las fotografías muestran a los bailarines enlazados como ahora mismo puede verse a las parejas en los bailongos porteños.

"Le Tango" fue un fracaso. De crítica y de público. Cumplió, sin embargo, juntamente con la conferencia del Institut de France, el propósito de instalar el tango en la curiosidad de la intelectualidad francesa, precisamente cuando la intelectualidad argentina lo menospreciaba.

NACE LA TÍPICA

En 1911 nació la orquesta típica. Fue una creación del bandoneonista Vicente Greco (1888-1924), apodado Garrote, quien andaba tañendo el bandoneón desde los 14 años. Había debutado con ese instrumento durante una gira por Baradero, San Pedro, San Nicolás y Rosario. En 1911 tenía 23 años y un notable prestigio. Ya había formado sus primeros conjuntos; había compuesto *El Morochito* (dedicado a Carlos Geroni (C.V.G. Flores), que lo llevó al pentagrama, pues Greco carecía de conocimientos musicales formales) y *El Pive* (escrito con la –v– etimológica). También había arrimado el tango un poco más al norte de La Boca, al café "El estribo", de Entre Ríos e Independencia, con una orquesta numerosa para su época: dos bandoneones, dos violines, un piano y una flauta. Y alternaba sus actuaciones con los bailes del salón de la Societé de Secour Mutuel et de Benfaissance "General San Martín", fundada en 1863, que estaba –aún lo está– situada sobre la calle Rodríguez Peña al 344. Con este apellido lo nombra Villoldo en su tango *Cuerpo de alambre*. Al Salón Rodríguez Peña dedicó Greco el tango del mismo nombre, que es uno de los grandes clásicos del género.

Para aquel año, la casa Tagini, vinculada a la empresa norteamericana Columbia, decide grabar discos de artistas argentinos y contrata a Vicente Greco, quien, en 1909 había inaugurado el Armenonville. Garrote formó un sexteto: dos bandoneones (el otro era el de Juan Lorenzo Labissier), dos violines (el de Francisco Canaro y el de Juan Abatte, apodado Palito), una flauta (Vicente Pecci, el Tano) y un piano (nada menos que Agustín Bardi). La casa Tagini duda de que el piano reproduzca bien sus sonidos y lo reemplaza por la guitarra de Domingo Greco. Cuando retorne el ⋅ piano y Canaro arroje la flauta al desván e incorpore el contrabajo, quedará diseñada para siempre la estructura básica de la orquesta de tangos.

¿Por qué se llamó Orquesta Típica Criolla al conjunto formado por Greco para sus primeras grabaciones, que fueron las de *Rosendo, Don Juan, El Morochito y El Pive*? La casa Tagini especificaba en sus anuncios: "Ejecutadas por la Orquesta Típica Criolla con mandoleón". Francisco Canaro dice, en sus memorias, que cuando "aceptaron" (Greco y él) el ofrecimiento de la casa Tagini, "como no sabíamos qué calificativo darle a nuestra orquesta para diferenciarla de los demás conjuntos que grababan especialmente con banda, a Vicente Greco y a mí se nos ocurrió ponerle Orquesta Típica Criolla, y así nació la orquesta típica, calificativo que quedó definitivamente consagrado hasta la fecha, desapareciendo solamente la palabra 'criolla' ". Esta es la explicación comúnmente aceptada del curioso nombre. "Típico es lo que caracteriza a algo", recuerda Luis Adolfo Sierra en su *Historia de la Orquesta Típica*. De todas maneras, la casa Tagini, que desde 1905 difundía cilindros con las voces de Gabino Ezeiza, Ángel Villoldo y otros, estaba habituada a la palabra *típico,* pues ofrecía discos para gramófonos fonotípicos, producidos por la Societá Italiana de Fonotipia, de Milán. Lo que importa, empero, más que el nombre, es que Vicente Greco trazó el organigrama de la orquesta del tango, que ese organigrama fue consolidado por las grabaciones de la casa Tagini y enriquecido más tarde por Francisco Canaro y por Eduardo Arolas (quien ensayó, el primero de todos, el sonido tanguero del violoncelo, un instrumento corriente desde hace no menos de cuarenta años en las orquestas típicas).

Con Greco, el bandoneón pasó a constituirse en un instrumento estable e indispensable del tango. Otros grandes bandoneonistas –Juan Maglio (Pacho) y Augusto P. Berto– seguirían por la huella abierta por Greco. Sin embargo la primera orquesta con "mandoleón" fue la de Garrote.

Vicente Greco murió muy joven, pero dejó una obra numerosa. Dos de sus tangos, que casi forzosamente deben incluirse en los repertorios de las típicas, inclusive las más avanzadas, son

Rodríguez Peña y *Ojos negros* (éste último, uno de los más bellos de todos los tiempos).

Después del concurso del Palace Théâtre, cuando el tango fue convocado a los salones del barrio norte (año 1913), Vicente Greco se convirtió en el niño mimado de la alta sociedad porteña. Por lo demás, compuso algunas letras no exentas de candorosa belleza.

LAS NOCHES DEL PALACE THÉÂTRE

El concurso organizado en setiembre de 1913 por la Sociedad Sportiva fue decisivo para la aceptación y la difusión del tango. Había fundado esa institución y la presidía el barón Antonio María De Marchi (1875-1934), un industrial italiano que, en su juventud, se radicó en Buenos Aires y desposó a María Roca, hija del general que presidió dos veces la nación. Gran amigo de Jorge Newbery, se lo considera uno de los patriarcas de la aviación argentina.

Aquél fue un concurso de tangos que serían presentados al público interpretados por una orquesta dirigida por el violoncelista Carlos Marchal (1867-1946) –muy prestigioso a la sazón– y bailados por un conjunto de notables danzarines. Se escogió para escenario de las veladas el casi flamante Palace Théâtre, que había hecho construir, con gran suntuosidad, la casa Lepage, sobre la calle Corrientes 751, y que se había inaugurado en agosto de 1911. El barón De Marchi, designó un jurado compuesto por Julián Aguirre (1868-1924), compositor de gran fama, autor de música de cámara y de canciones que constituyen una de las más nobles expresiones musicales de la argentinidad; Armando Chimenti (1889-1927), compositor y concertista de piano; Daniel Videla Dorna (1888-1957), político y gran bailarín de tango, a quien se debería más tarde la creación del Día de la Bandera, y Vicente Madero (1885-1946), hijo de Francisco Bernabé Madero, vicepresidente de la Nación durante la primera presidencia de Roca, a quien Pacho dedicó el tango *Maderito*, y que en su más tierna juventud era ya considerado por sus pares de la aristocracia como bailarín sin segundo.

El barón De Marchi, que nada descuidaba, había formado una comisión de damas auspiciantes del certamen. Aparte de su esposa, la integraban, entre otras, doña Lola Acosta de Santamarina, doña María Luisa Vedoya de Martínez de Hoz, doña Leonor Uriburu de

Anchorena y doña María Esther Llavallol de Roca, esposa de Julio A. Roca (h). Sesenta y dos tangos se presentaron al concurso y de ellos el jurado debió elegir seis para ser propuestos al juicio del público en las noches del 22, 23 y 24.

Seis parejas salieron al escenario para bailar las composiciones interpretadas por la orquesta de Marchal: César Ratti y Olinda Bozán, Francisco Ducasse y Mimí Pinsonette; Argentino Podestá y Ángela Martínez; Ovidio Bianquet (El Cachafaz, a quien algún cronista llamaba Benito Bianchetti) y Haydée Arana; Juan Carlos Herrera y Petra Gómez, y Oscar Serrano y Carmen Fernández de Lara. El barón había dado severas instrucciones a los bailarines. Ellas podrían resumirse con un famoso verso de Carriego: "no se permiten cortes ni aun en broma". Había que bailar liso, como en París; nada de canyengue ni de arrabal. Sin embargo, El Cachafaz no pudo con el genio y se puso a meter pierna, como quien dice. Los demás lo siguieron y la concurrencia bramó de entusiasmo. "Cuando la orquesta atacó la última composición, *El Tony* –anotaba Viejo Tanguero–, los admiradores ya se habían tonificado con el baile y empezaban a moverse en los asientos". Pero agregaba estas observaciones llenas de sustancia: "Lástima grande que (los bailarines) en lugar de frac no vistieran smocking y en lugar de ajustarse a severas instrucciones no se los dejara en libertad de bailar tal cual es el tango. El ambiente europeo de que está impregnado el tango lo ha devuelto a la patria con otro acento y otra indumentaria. Su larga permanencia en el viejo continente lo ha hecho extranjero, de manera que al llegar al seno paterno trae un arrastre de erres que lo hace casi francés". Y se enojaba el cronista pidiendo que le cambiaran el nombre a las piezas que se habían bailado; que le pusieran danza americana, si querían, pero no tango. Eso, con respecto al baile. En cuanto a las composiciones musicales afirmaba que ninguna se ajustaba al estilo clásico del tango. "Todas ellas tienen compás de habanera", sentenciaba.

Los premios del concurso fueron anunciados en la tercera velada, realizada prácticamente en la intimidad, el miércoles 24. Las composiciones premiadas fueron *El Tony,* firmada por J. Nirvassed; *El aventurero* y *Pacho N° 5,* de Juan Maglio (Pacho). De *El aventure-*

ro, nada sabemos. En cuanto a *El Tony,* fue presentado por José De Wavrin, un francés que se había radicado en la Argentina en 1893. Poco después se dedicaba a la cría de ovejas en su estanzuela de Telén (La Pampa). Más que compositor (pues desconocía la notación musical), era un creador; creaba sobre el piano y alguien le pasaba los sonidos y el compás al pentagrama. Para 1913 era autor de más de ciento cincuenta tangos. Las partituras de algunos de ellos, *Feliz Año Nuevo, Hesperidina* y *American Cirque Excelsior,* no son inhallables.

CARRIEGO

¿Será necesario presentar a Evaristo Carriego? Dos jóvenes estudiantes de periodismo de la Universidad de Belgrano jamás habían oído hablar de él antes de que yo se lo mencionara. Al comprobarlo quedé muy abatido y comprendí cuánta razón tuvo el guitarrero oriental Humberto Correa cuando aseveró que la fama es puro cuento. Porque no ha de haber poeta más famoso ni popular, en Buenos Aires, que el entrerriano Evaristo Carriego, autor de *Misas herejes*, quien vaticinó a Borges, un niño aún, la gloria literaria. La casa donde vivió, en Palermo, ha sido salvada de la demolición por el esfuerzo del pintor José María Mieravilla y la decisión del intendente Cacciatore.

Carriego fue un poeta bifronte: por un lado, parecería una mezcla de Rubén Darío, Leopoldo Lugones y Almafuerte y, por el otro, fue el poeta popular, que llevó a la poesía no sólo el escenario del arrabal sino también las pequeñas o mayores angustias de la gente humilde. José Gabriel, su primer biógrafo, dejó escrito que tenía sensibilidad de mujercita. Borges ironizó con su "estética socialista". Pero lo cierto es que Carriego fue el primer espectador literario de los barrios pobres de Buenos Aires y el cantor de la gente sencilla e ignara –la chamuchina–, que pagaba el costo social del fabuloso desarrollo económico logrado por la Argentina a partir de 1880. Aunque hubiera hecho periodismo en el órgano anarquista "La Protesta", no ideologizó a su poesía. Los protagonistas de muchos de sus poemas son los mismos de las letras de tango, que también han sabido resistirse a la ideologización.

No muchas veces menciona al tango la poesía carriegana. Unos versos aluden por allí a los ágiles cortes que lucen dos orilleros bailando *La Morocha* en la vereda –o vedera– y otros recuerdan que en los conventillos ni en broma se permitían los cortes. Carriego no bailaba el tango. Este, cuando el poeta murió (en 1912, a los 29 años) sólo era bailado por los compadritos en las matinés de las sociedades de fomento (Unione e Benevolenza, L'Operaio Italiano, etc.); por los malevos durante la noche, en los mismos sitios, y por los niños bien en las garçonnières. Tampoco intentó Carriego escribir ninguna letra tanguera, de modo que le dejó el campo libre a don Ángel Villoldo. Sin embargo, fue muy popular, sobre todo después de su muerte, cuando menudearon los homenajes póstumos y la difusión de sus poesías fue muy grande.

Ignoro si Villoldo –que murió en 1919– conocía los versos de Carriego. Si acaso los conocía, ninguna influencia ejercieron ellos sobre el estro del autor de *El Choclo*. Pascual Contursi, verseador y guitarrero, sin duda los leía, y ellos han de haberle abierto una nueva perspectiva poética. En realidad Contursi comenzó a dar a conocer sus producciones muy poco después de la muerte de Carriego. Este era, al menos en lo más representativo de su obra, un poeta sentimental, y fue Contursi quien llevó el sentimentalismo (la propensión a los sentimientos tiernos) a las letras de tango; el que descubrió las lágrimas ocultas debajo del cinismo de un compadre canfinflero, como Manuel Romero las encontraría debajo de la agresividad de la patota.

Los personajes y las situaciones presentados por la poesía de Carriego no aparecen en los versos de Contursi, con la excepción de la joven seducida que abandona el hogar tras el señuelo del lujo fácil (Caperucita Roja para el poeta de Palermo, Flor de Fango para el letrista). Sin embargo, la que Borges llamó, con la crueldad crítica de sus jóvenes años, "lacrimosa estética", se muestra desembozadamente en el letrista de *Mi noche triste* y de *Ivette*, donde aparecen canfinfleros deshechos en llanto como mujeres. Contursi abrió las puertas a una nueva letrística a la que Carriego aportó no pocos elementos.

En una suerte de seminario que organicé y dirigí en la ex Universidad del Tango de Buenos Aires, mis alumnos, especialmente Oscar Juan D'Angelo, que es hoy un estudioso reconocido, señalaron en el poema carriegano "El alma del suburbio" (del libro *Misas herejes*) no menos de treinta elementos literarios que el tango no tardaría en apropiarse: organitos, conventillos, comadres, cantinas, trucadas, presidiarios, tangos, orilleros, payadores, obreras, taconeos, policías, perros, solteronas, guapos, compadres, prisiones, funyis, cafetines, patios, parras, cantores, alcohol, sangre, puchos, tísicas, guitarras, gleba. El beneficiario de esos préstamos no fue sólo Contursi; en mayor medida lo fueron Celedonio Flores, José González Castillo y Homero Manzi. Así el "heraldo gangoso" de Carriego es la voz gangosa de *El bulín de la calle Ayacucho,* los perros que ladran a la luna en "Alma del suburbio" ladrarían también en *Barrio de tango.*

¿Por qué suponer que tales elementos fueron aportados por Carriego y no por otros poetas? Las razones por las que me dejo asistir para manifestarlo son las siguientes: no había por entonces a la mano otros poetas que utilizaran esos elementos. Admítase que el organito del tango no sea el de Carriego, sino el del "Himno a la luna", de Lugones. En cambio, las trucadas, la obrerita devenida cocota, la miseria misma pertenecían, casi con exclusividad, al stock sentimental de Carriego. Y con esos elementos se enriqueció, en la década fundacional, la incipiente y paupérrima letra de los tangos. Excluir a Carriego de una historia del tango es, cuando menos, una gran injusticia.

LAS PRIMERAS LÁGRIMAS

En 1914 la orquesta típica criolla ya está consolidada. El repertorio de tangos interpretados por bandas, rondallas y orquestas es muy extenso. En los catálogos de 1913 se encuentran títulos como *Mordéme la oreja izquierda, Tiróle manteca al gringo, Echóle bufach al catre, Chiflóle que va a venir,* junto a *Reina de Saba* (Mendizábal), *Joaquina* (Bergamino), *No, señora, voy torcido* (Sofía) e *Incendio* (De Bassi). La orquesta típica criolla de Vicente Greco continúa grabando y cantan tangos los artistas de varieté Ángel Villoldo, Alfredo Gobbi y su mujer, Flora Rodríguez. Juan Maglio (Pacho) se lanza a conquistar el mercado y graba casi a destajo para la casa Tagini, donde trabaja también la orquesta típica criolla de José Pécora y Roberto Firpo registra sus tangos y valses en solos de piano.

De 1914 es el primer baile del internado (es decir, de los practicantes de medicina que cumplían un año de internos de sala). Se realizó en el Palais de Glace (que todavía existe, convertido en Salas Nacionales de Exposiciones) y lo animó la orquesta de Francisco Canaro, quien estrenó aquella noche del 21 de setiembre sus tangos *El alacrán* y *Matasano.* Con la música de éste último expresó Pascual Contursi (1888-1932) la gran revolución del tango. Hijo de napolitanos, Contursi había nacido en Chivilcoy, pero muy joven recaló en Buenos Aires, donde se entregó a la bohemia y un poco malogró en ella su facilidad para versificar, su decisión para tañer la guitarra y su gusto por el canto. A mediados de ese año ya estaba en Montevideo entonando sus propios versos en los cabarés Moulin Rouge y Royal Pigall, con música de tangos en boga. Uno de ellos era *Matasano,* que Canaro había dedicado a los internos del Hospital Durand, cuya letra comienza como los cuplés malevos de Villoldo, con el "yo soy" compadrito y provocador que el autor de *El Choclo* había tomado del cuplé español: "Soy el taita porteñito / más corrido y calavera. / Abro cancha donde quiera / si se trata de tanguear; / el que maneja el cuchillo / con audacia y coraje / y en medio del malevaje / me he hecho siempre respetar". Pero la inspiración sentimental de Contursi irrumpe en la segunda estrofa contra toda lógica y toda expectativa, y el compadrito, que jamás había derramado una lágrima, descubre el dolor oculto e inimaginable que le roe el corazón: "Yo he nacido en Buenos Aires / y mi techo ha sido el cielo. / Fue mi único consuelo / la madre que me dio el ser. / Desde entonces mi destino / me arrastra en el padecer. / Y por eso es que en la cara / llevo eterna la alegría, / pero dentro de mi pecho / llevo escondido un dolor. / Cesará ese tormento / tan sólo cuando me muera / pero mientras viva quiero / disfrutar de lo mejor". Estas son las primeras lágrimas del tango, cuyo llanto terminaría precipitándose como una catarata.

No fue Contursi quien entristeció el tango. Éste ya había cambiado en París la alegría juguetona del compadrito por un aire severo y triste, para copiarle los adjetivos a Ricardo Güiraldes. Aquí mismo, aunque se hiciera escuchar en juergas y bailongos, Roberto Firpo lo había impregnado de cierto romanticismo canyengue. Contursi no crea la tristeza del tango; simplemente la confiesa. El compadraje y los niños bien –que son los principales clientes del tango– aceptan y celebran la confesión de Contursi, con la que hacen su propia catarsis, puesto que, cada uno a su manera, todos han llorado alguna vez por un amor ingrato. Y de aquel tango de los pequeños conjuntos trashumantes, carentes a veces de bandoneón pero no de flauta o clarinete, que ponían hormigas en las piernas de los bailarines, se va avanzando hacia esa nueva especie musical de la que dirá otro poeta, más joven que Contursi, pero de todos modos su contemporáneo: "El tango me pone triste porque soy sentimental".

Sin embargo, la proeza de Contursi no fue la de hacer llorar a un compadrito (empresa más ardua que cualquiera de los trabajos de Hércules) sino la de poner de manifiesto de qué modo el compadrito había sido desplazado por el hijo de inmigrantes, a quien gustaba mimetizarse con el orillero, como a los gringos les gustaba mimetizarse con los gauchos, pero que guardaban en el fondo de su corazón un repertorio de lagrimones semejantes al que el tano Domingo Polenta vierte en el tango *La violeta* y al que en *Melodía de Arrabal* se le pianta al orillero cuando evoca su barrio.

Los versos compuestos para *Matasano* no dicen por qué sufre el protagonista. ¿Se tratará verdaderamente de penas de amor o tal vez de los sufrimientos debidos a una orfandad precoz, al abandono, a la pobreza, a la soledad? Suponemos que es un amor perdido el que desconsuela a este "taita porteñito"; lo suponemos, pero la letra no lo dice. Con *Matasano* simplemente ingresa en el tango el tema del dolor. El amor llegará enseguida, llevado también por Contursi, quien se valdrá para ello del tango *Lita*, sobre el que bordará una elegía compuesta en octosílabos de una extraña belleza, rústica y candorosa: "Percanta que me amuraste / en lo mejor de mi vida..." He ahí el tema capital de las letras del tango, el tema cantado por Dante, por Petrarca, por Garcilaso, por la misma Biblia en el "Cantar de los cantares". El compadrito de *Matasano* ha hecho lo suyo cantando al dolor, que no sería, ciertamente, cosa de machos, pero sí cosa de gauchos (al menos, desde los días de Martín Fierro), y el compadrito, al fin y al cabo, no era sino un gauchito de a pie. La expresión del amor la confió Contursi a un canfinflero, ciertamente un proxeneta, pero no un macró ni un caften, sino un rufiancete que tenía su perfil sentimental, como el patotero del tango de Manuel Romero. En *Mi noche triste* el tango encontró su tema único –el amor– del cual serán variaciones todos los tangos posteriores.

Contursi murió en el loquero, a los 43 años, en 1932. Alcanzó a conocer la evolución de la letrística: cuando murió, Flores, Discépolo, Gonzáles Castillo y Tagini habían producido lo mejor de su obra, en tanto que Manzi y Cadícamo andaban remontando el vuelo.

LAS CONTRAHECHURAS

En la *trattoria* de Florencia donde solía almorzar cuando estuve en aquella ciudad (año 1969) trabajando con el profesor Giovanni Meo Zilio, el televisor difundió de pronto la música de *El Choclo*. El encargado, que advirtió mi gesto de complacido asombro, me dijo, desde el mostrador: "*La Cumparsita*, per lei". Le agradecí y lo dejé en su error. *La Cumparsita* es una denominación más inteligible y más recordable que *El Choclo*, al menos para un italiano. Sólo di las gracias, convencido, como sigo estándolo aún, de que lo importante era que se tratara de un tango, así fuese uno u otro.

Ya se ha dicho que *El Choclo* fue interpretado por primera vez como danza criolla. Al cumplirse los noventa años de aquel acontecimiento memorable, la Academia Nacional del Tango publicó un estudio sobre *El Choclo* en el que participaron León Benarós, Enrique Binda, Héctor Della Costa, Osvaldo E. Firpo, Héctor Lucci, Máximo Perrotti, Enrique Horacio Puccia y Gabriel Soria. Las 34 páginas de la monografía resumen todo lo que pueda saberse acerca del famoso tango, aunque tal vez menos de lo que podría apetecerse saber. Con relación a la letra, se dice allí que la música de Villoldo recibió más de una. La original, del propio Villoldo, fue de carácter picaresco y de doble sentido. Según Héctor Della Costa, hay grabaciones de esas picardías, debidas al mismo Villoldo. Éste grabó, empero, una segunda letra que decía, entre otros candores, "Hay choclos que tienen las espigas de oro que son las que adoro con tierna pasión, cuando trabajando llenito de abrojos, estoy en rastrojos como humilde peón". En 1934, una de las hermanas del autor, Irene Villoldo de Corona, pidió al cantor Juan Carlos Marambio Catán que escribiera una letra más tanguera, y el inolvidable autor de *Acquaforte* compuso la que comienza "Vieja milonga que en mis horas de tristeza...". De esa letra sólo conozco una versión (parcial)

de Ángel Vargas y una (completa) del tenor Fernando Albuerne. Esta
última no aparece registrada en la mencionada monografía.

En 1947, Libertad Lamarque solicitó a Enrique Santos Discépolo
que escribiera una nueva letra, para cantarla en la película "Gran
Casino", dirigida por Luis Buñuel. Tras largas negociaciones entre el
editor Perrotti, Marambio Catán y Discépolo, éste pudo responder al
pedido de la estrella, quien estrenó en la película mencionada los
bellos versos evocativos del autor de *Yira... Yira...*

Es posible que haya otras letras de *El Choclo*. Ellas serían si las
hubiere, contrahechuras, es decir imitaciones fraudulentas, cosa que
no puede decirse de las mencionadas, que en todos los casos conta-
ron con un editor responsable. Marambio solía afirmar que *El
Choclo* era el apodo de un proxeneta o canfinflero con parada en la
calle Junín. A ese hipotético personaje, idealizado según cuadra a la
desmemoria poética, alude la letra que compuso, donde dice: "Y me
llamaban El Choclo, compañeros. Tallé en los entreveros, seguro y
fajador". En cuanto a la de Discépolo, muchas veces nos preguntan
a los que se supone que algo sabemos, quién era Carancanfunfa, el
que "se hizo al mar con su bandera". En lunfardo, *carancanfunfa*
significa "diestro en el baile con corte" y, también, "hombre de experiencia y coraje". Discépolo personifica a ese tipo o espécimen
social, es decir, somete sus cualidades (lo arrabalero) a una prosopo-
peya, figura retórica que consiste en atribuir a las cosas abstractas
acciones propias de las animadas.

Las letras de *El Choclo* reflejan la evolución de la letra del tango,
que asciende desde la letrilla equívoca al poema. El mismo Villoldo,
después de las picardías de *El Choclo,* mejoró de un modo notable
los versos aplicados a sus nuevas creaciones tanguísticas; a tal punto
que en 1905, cuando Enrique Saborido le pidió letra cantable para su
tango *Metéle fierro hasta el fondo,* se inspiró en un poema del uruguayo Orosmán Moratorio −"La flor del monte" (1893)− para componer los versos de *La Morocha*. Moratorio también comenzaba su
poesía con el establecido "yo soy" de los cuplés: "Yo soy la dulce tri-
güeña, la de los ardientes ojos", escribió el uruguayo; "Yo soy la
morocha, de mirar ardiente", tradujo Villoldo. No se trataba, empero de una contrahechura, sino de una adaptación.

El tango –ya ha sido dicho muchas veces– fue una creación espontánea del compadrito. Sin embargo, la espontaneidad –es decir, la condición de lo que es debido al propio impulso– no es sólo característica del baile del tango, sino también del canto. La letra no es en el tango un apósito aplicado a la música para disimular, sino para remediar su pobreza. Ni tampoco, como en el caso de *La Morocha*, un recurso literario destinado a llevar el tango desde el peringundín al tabladillo del varieté. Las letrillas iniciales y, anteriores aún a ellas, las exclamaciones del bailarín que glosaban la urdimbre de los cortes, eran el producto grosero de una creatividad aún en estado cerril. Entre ellas y las letras formales hay, sin embargo, una suerte de estadio intermedio, de tierra de nadie que merece ser explorada: las letras espontáneas surgidas a veces como contrahechuras de las formales y otras veces como una anticipación.

Tomemos un par de tangos que alcanzaron una gran popularidad, ambos del uruguayo Manuel Aróztegui y ambos publicados en 1913/1914 como composiciones puramente bailables, *El apache argentino* y *El Cachafaz,* carentes de letras cantables, pues aún no había más letristas que Villoldo, ya que Contursi mantenía in pectore todavía las letras que lucubraba para los tangos en boga. La popularidad de *El apache argentino* fue tanta que Enrique Delfino replicó en Montevideo componiendo *El apache oriental*. A esos tangos, como a otros, el pueblo les dio letra antes de que lo hicieran los poetas.

Es bien sabido que Robert Lehmann Nitsche, antropólogo alemán que trabajó en el Museo de Historia Natural de La Plata, reunió una colección de 643 folletos de literatura popular, con un total de 26.000 páginas, que legó al Instituto Iberoamericano de Berlín, donde están todavía, airosos sobrevivientes de la guerra y la ocupación. Indices de esa valiosa folletería han sido publicados en Buenos Aires por Olga Fernández Latour de Botas y por Adolfo Prieto. Los uruguayos Walter Guido y Clara Rey de Guido, profesores de la Universidad Central de Venezuela, fueron luego más lejos, pues obtuvieron una copia de la totalidad de esos folletos que forman la Biblioteca Criolla de Lehmann Nitsche y publicaron una selección de 154 de ellos, escogidos entre los 643. Se incluyen allí 51 letras para tangos, de las cuales dos corresponden a *El apache argentino* y tres, a *El Cachafaz*. El cantor Arturo A. Mathon, aprovechando la popularidad de una música que los organitos difundían incansablemente por los barrios, le aplicó una extensa letra de 72 versos, de los cuales los cuatro primeros dicen "Soy el apache argentino, el tipo fiel de una raza, que deja ver en su traza la astucia de su valor". La otra, aparecida anónima y contemporáneamente en Santa Fe, reproduce la introducción cupletera de Mathon: "Soy el apache argentino, nacido en Buenos Aires". En cuanto a *El Cachafaz,* dedicado al actor Florencio Parravicini, tiene tres letras en la selección, una de las cuales comienza también acupletadamente: "Soy el taita más güenazo", en tanto que las otras dos insinúan la forma narrativa que caracterizaría buena parte del acervo del tango canción: "Es el taita más compadre...", "El Cachafaz es un tipo de vestir muy elegante...".

Un tango mucho más antiguo que los de Aróztegui, *La catrera,* compuesto por Arturo De Bassi en 1908, lleva en la selección una letra de Eugenio Sallet, publicada en 1912, que no se refiere a la cama, sino al tango mismo: "Es música de mi tierra de las notas más divinas, a la cual llaman catrera, grato nombre de su autor, pero su sonido encierra la nostalgia que ilumina como pasión verdadera de algún cautivado amor". Los Guido creen que la otra letra reproducida en su valiosísima antología es anterior. No comparto esa opinión porque el tono dolorido del engendro lo acerca bastante a la poética de Contursi.

En 1917, recién grabado por Carlos Gardel el tango *Mi noche triste*, Domingo Espíndola difundió una oontrahechura en la que creo descubrir cierta ácida intención satírica: "Percanta que te espiantaste de mi bulín, consentida, yo bendecí tu partida y alabé tu tentación /.../ Yo no tengo en el bulín ni tus moños ni frasquitos, ahora he puesto dos cuadritos de otra lora que es mejor /.../ De noche, cuando me acuesto, pongo candao en la puerta, porque si la dejo abierta tengo miedo que entrés vos /.../ La guitarra está debute, cada vez más melodiosa...". La inspiración del vate no rayaba, ciertamente, muy alto. Me he extendido en la transcripción porque esta travesura poética anticipa claramente el tango *Victoria*, en el que Discépolo proclama el mismo cinismo, si bien con algo más de gracia. Discépolo quiso burlarse de los tangos en que el galán desahuciado lamenta los desvíos de su dama. Tales desvíos comenzaron a ser literariamente reconocidos y admitidos sentimentalmente por el tango a partir de Contursi. Este hijo de inmigrantes vio la cosa a través de los siglos de dolor acumulados en la poesía amatoria; el tal Espíndola, desde la visión racionalista avant la lettre (que hoy luce casi posmoderna) de un compadrito típicamente villoldeano.

EL PRIMER ARREGLO

En la última edición de su diccionario, la Real Academia Española incluye el término *arreglo*, con la definición "transformación de una obra musical para poder interpretarla con instrumentos o voces distintas a los originales". Por desagradable que nos resulte el nombre –"se arregla lo que está desarreglado", decía Sebastián Piana–, no es cuestión de ser más papista que el Papa. Aceptémoslo, pues. La definición académica, sin embargo, no es feliz. Un tango para piano –y así se denominaron muchísimos durante las dos primeras décadas– no se arregla para bandoneón o para guitarra, sino que se transcribe para esos instrumentos. Mejor, tal vez, sería llamar *arreglo* a la "transformación de una obra musical para destacar o acrecentar sus valores estéticos". Cuando Leopoldo Federico –es un ejemplo– arregla el tango *Che, bandoneón*, no se limita a transcribir la particella para que pueda ser interpretada por un fueye; además lo enriquece con nuevos acordes, que no lo falsean, sino que lo embellecen. No es exagerado decir entonces que el arreglador no es un mero profesional; es un co-creador. Y, en ocasiones, si arregla su propia obra, un creador por partida doble. Tal el caso de Ismael Spitalnik cuando arregló su tango *Fraternal* para la orquesta de Alfredo Gobbi, o el de Sebastián Piana cuando arregló su fabulosa *Milonga triste* para la orquesta de Francisco Canaro y para el órgano de la iglesia del Santísimo Redentor, donde él mismo la ejecutó el día de mi casamiento.

Ya hemos tenido ocasión de señalar que tal vez el primer arreglador profesional del tango haya sido Julio Perceval cuando arreglaba algunas piezas del repertorio de Julio De Caro y otras que él mismo interpretaba como organista. Sin embargo me atrevo a decir ahora que el primero fue Roberto Firpo, cuando en 1916 arregló la modesta particella de *La Cumparsita* para interpretar ese tango con su cuarteto (David Rocatagliata, Agesilao Ferrazzano y Juan Bautista Deambroggio), en La Giralda, de Montevideo. El episodio es bien conocido. Gerardo Matos Rodríguez había compuesto un tango para la Federación de los Estudiantes del Uruguay. Era una linda musiquita y alguien se la entregó a Roberto Firpo, que triunfaba por entonces en el café La Giralda, para que la incluyera en su repertorio. Firpo accedió a la sugerencia o pedido y de allí en más la historia se bifurca. El pianista Alberto Alonso, a cuyo cuarteto se debe la primera grabación de *La Cumparsita* (año 1917), escribió que Firpo lo tocó como estaba escrito, y el estreno fue intrascendente. Pero Firpo, al conmemorar, en 1966, sus sesenta años con el tango, dio otra versión. Dijo, en efecto, ante la tanguería reunida en pleno para agasajarlo en un restaurante, que había agregado a la partitura originaria, con carácter de tercera parte o trío, algunos compases de su tango *La gaucha Manuela* (1906, el primero de los suyos), y que se valió también de varios compases de "Il trovatore", de Giuseppe Verdi, para vestir la desnudez musical de la criaturita de Matos.

La declaración de Firpo suscitó una sonora borrasca y Pintín Castellanos llegó a sugerir no sé qué suerte de confabulación en perjuicio de Matos. Pero Firpo no reivindicaba nada, ni derechos autorales ni gloria. Había narrado con sencillez algo que era común en la etapa fundacional del tango. Si algo agregó a la partitura original, se adelantó en mucho tiempo a Piazzolla, quien, en una de las más bellas versiones de *La Cumparsita,* sumó una variación bandoneonística que interpretó él mismo, en dúo con el siempre recordado Roberto Di Filippo. No se ignora que, consultado Enrique Delfino sobre la participación de Firpo en *La Cumparsita,* dijo: "Matos Rodríguez era el primer asombrado ante la melancolía que suscitaba su tango; él había compuesto algo movedizo, incitante, como para una cumparsita estudiantil, pero Roberto Firpo le agregó aquellos solos de violín y ya por siempre el tango fue la estampa de nuestra irremediable tristeza rioplatense". Si las cosas fueron como lo dijo Delfy, aquellos solos de Firpo convirtieron un tango juguetón y juerguista en otro tan contursianamente sentimental que hasta el mismo Contursi se sintió llevado a ponerle letra. Las variaciones bandoneonísticas de Piazzolla no hicieron de *La Cumparsita* un tango vanguardista.

El número de tangos semeja el de las arenas de Necochea y el de los arreglos lo supera, porque cada uno de los tangos de éxito ha tenido varios arregladores. Argentino Galván colocaba en alto concepto a esos profesionales –entre los que militaba– y, con el tangólogo Luis Adolfo Sierra, formó la Sociedad de Orquestadores y Arregladores de música. Aspiraba a que en las etiquetas de los discos, junto al nombre del autor, constara el del arreglador. Eso no ha podido ser; más aún, todavía son legión los tangueros que atribuyen a los directores de orquesta el mérito total de versiones memorables.

Era el de Galván un espíritu abierto a la incorporación de nuevos timbres en la interpretación del tango, pero negaba la posibilidad de un tango sinfónico. Quizá no fuera tan así. Si bien el sinfonismo decariano murió en el intento, recientes versiones de Raúl Garello abren una perspectiva estupenda para el avatar musical del tango.

Los músicos suelen burlarse de los arregladores diciendo que en un tanguito cualquiera pretenden poner toda la teoría musical que han aprendido. Galván confesaba su inclinación a poner todo lo que sabía, pero sin duda supo sobreponerse a ella, porque sus trabajos siguen siendo ejemplares y en muchos aspectos no superados. Alguna vez pareció desmadrarse: fue cuando llevó a ocho minutos de duración la interpretación de *Recuerdos de bohemia* por la orquesta de Aníbal Troilo (grabación del 12 de marzo de 1946). Troilo aceptó y ocupó con el bello tango de Delfino las dos caras de un 78 rpm (aún no existían los LD). Creo que fue el non plus ultra del arreglo. Por ese trabajo y por muchísimos otros me he permitido llamar a Galván la octava maravilla del tango, con lo que no quise decir que, antes de que él llevara al pentagrama la música que bullía en su cabeza, el tango sólo hubiera tenido siete maravillas. Tuvo muchas más, incluido Carlos Gardel. Lo que intenté fue equiparar a Galván con los grandes creadores como Arolas, Bardi, Cobián, Delfino, Firpo, Greco y otros.

El arreglo comenzó a difundirse durante la guardia del cuarenta, pero con anterioridad ya se concertaba la ejecución de los instrumentos. A Canaro le concertaba habitualmente su pianista de añares,

Luis Riccardi. Entre los dos produjeron una suerte de tango naïf que muchos escuchamos con nostalgia. El arreglador de Francisco Lomuto era Martín Darré, músico autodidacto, pero de gran formación musical, dotado de una cultura admirable y de un carácter ejemplar. Darré, que durante muchos años fue, después, el arreglador de Mariano Mores, también trabajaba para otro Lomuto, Héctor, director de una jazz-band. Yo, desde mi ignorancia, me admiraba de la gran cantidad de instrumentos que Darré concertaba para Mores. "¿Qué hace para manejarse con todos ellos?", le pregunté. Y rió diciéndome: "Nosotros tenemos la música en la cabeza".

La discografía progresó mucho en la Argentina, pero quienes se ocupan de los discos de tangos omiten los nombres de los arregladores. Un joven estudioso, Gabriel Soria, ha publicado la discografía del Sexteto Mayor, cuyos instrumentadores son, como es sabido, sus bandoneonistas: Luis Stazo y José Libertella. Soria señala en cuál versión orquestó el uno y en cuál el otro. Los discógrafos de Troilo no han intentado nada parecido, pese a que la orquesta de Pichuco no suena igual cuando está Galván de por medio, cuando está Piazzolla y cuando está Julián Plaza (*Milonguero triste*).

El primer arreglo que Piazzolla hizo para Troilo fue el de *Azabache,* del que no hay grabación. En 1940 Astor había cursado estudios de armonía, composición y orquestación con Ginastera. Su trabajo para *Azabache* ganó un concurso y de ahí en más siguió alternándose con Galván en las orquestaciones de Troilo, pero no podía manifestarse plenamente porque Pichuco lo tenía a rienda corta. Entonces la gente bailaba el tango, lo triscaban los muchachos y las chicas en los bailes de los clubes y a Troilo lo preocupaba la bailabilidad de su conjunto. Tal vez haya limitado también a Galván. Este, cuando formó una orquesta para Roberto Maida, independizado ya de Canaro, no satisfizo a los bailarines y debió disolverla.

LA VOZ

El 1° de enero de 1914, el dúo Gardel-Razzano debutó en el Armenonville, un suntuoso cabaré inaugurado a fines de 1909, que trataba de reproducir a otro del mismo nombre situado en el Bois de Boulogne de París. Gardel y Razzano habían ido a despedir el año con algunos amigos y cantaron de sobremesa. (Entonces, en los cabarés se cenaba y en el Armenonville servían cordero al asador). Los concesionarios de la casa los escucharon cantar y sobre el pucho los contrataron para debutar el día siguiente con un cachet de setenta pesos por noche (un par de botines de cabritilla charolada con la caña de gamuza se vendía entonces a 15 pesos; una máquina de coser, a 120, y la máquina de escribir Royal N° 5, a 250). Gardel ya había andado cantando cosas criollas por el interior de la provincia de Buenos Aires desde 1912, con Francisco Martino, primero; luego con Martino, Saúl Salinas y José Razzano y, al fin, sólo con éste. Las suyas no eran actuaciones profesionales: cantaban y pasaban el platito (la *quête*, dicen los franceses). La primera actuación profesional fue la del Armenonville y se prolongó durante tres meses, si bien muy pronto Martino se incorporó en el dúo, convirtiéndolo en terceto.

Loureiro y Lanzavecchia, los concesionarios del local, los catapultaron a la fama, porque el 8 de enero Gardel y Razzano ya estaban cantando en una fiesta del teatro Nacional. El diario Crítica los llamaba payadores y en el Armenonville eran presentados como cantores nacionales. La casa Tagini, en la propaganda de los discos, hablaba del tenor Carlos Gardel. Gardel-Razzano eran lo que ahora se denomina folkloristas y entonces solían llamarse estilistas. En este género rápidamente se ubicaron en el primer lugar: en 1915, Villoldo los mencionaba como paradigmas y en 1917 el crítico de La Razón les decía "los creadores de este modernísimo género de los cantores criollos de teatro".

Carlos Gardel no cantó tangos hasta 1917. Con anterioridad, el canto del tango era patrimonio de los artistas de varieté (Villoldo, el matrimonio Gobbi), las cupletistas (como Lola Candales) y, eventualmente, de alguna actriz o algún actor. Sin embargo el primero que cantó tangos en forma sistemática fue Pascual Contursi, que entonaba sus propias letras aplicadas a tangos compuestos para ser bailados. Uno de ellos era *Mi noche triste*. Gardel conoce a Contursi, le gusta ese tango y, después de pensarlo mucho, decide cantarlo en el teatro Empire (Corrientes y Maipú, donde estaba actuando, a fines de 1917) o quizás en el Esmeralda (actual Maipo). Por su consejo, Elías Alippi –actor y director escénico– se lo hace cantar a Manolita Poli en el estreno del sainete "Los dientes del perro". Aunque al mayor crítico teatral de aquellos años, Juan Pablo Echagüe, la interpretación de la Poli le pasó inadvertida, fue histórica porque, de allí en adelante, ya no hubo prácticamente sainete alguno en el que no se cantara un tango.

Lentamente, Gardel se va convirtiendo en cantor de tangos. Debe crear la manera de cantarlos, porque nadie, salvo Contursi, lo ha hecho antes que él. Lo que cantaban Villoldo, Gobbi, Mathon, las cupletistas, no eran tangos tales como ahora entendemos, sino un híbrido de cuplé y milonga. Gardel-Razzano ganan muchísimo dinero como estilistas, pues en las fiestas de la aristocracia a las que se los invita suelen ser recompensados con suculentas propinas (no se olvide que en 1924 cantaron para el Príncipe de Gales en la estancia que Concepción Unzué de Casares tenía en Huetel). El paso de Gardel al tango –género no siempre bien visto y de porvenir incierto– fue lento. En 1919, año en que muere Villoldo, grabó dieciocho canciones y sólo dos eran tangos. En 1924, el número de tangos grabados por Gardel fue de 54 frente a un total de 77 composiciones. Entonces Gardel comenzó a ser propiamente un cantor de tangos. Pero es que no había otros. El fue el primero, el que dio forma al tango canción, pergeñado por Contursi. Muchos de los tangos que cantaba procedían del escenario: *Milonguita* (1920), estrenado por María Esther Podestá; *Príncipe* (1924), creado por el cantor Juan Carlos Marambio Catán, y tantísimos más. Y porque siendo estilista se acompañaba con guitarras, cuando creó el tango canción utilizó el mismo acompañamiento. La Poli había estrenado *Mi noche triste* acompañada por la orquesta de Roberto Firpo. Pero Gardel continuó cantándolo con guitarras, y con guitarras lo hizo siempre en sus presentaciones escénicas (aunque grabó algunas páginas con la orquesta de Francisco Canaro), hasta que se convirtió en astro del cine. Luego, en Nueva York, debió cantar en la NBC con una orquesta de 30 músicos, dirigida por el ítalo uruguayo Hugo Mariani (31 de diciembre de 1933). Hasta entonces Gardel había sido Carlos Gardel y sus guitarristas.

La historia oficial quiere que Carlos Gardel haya nacido en Toulouse el 11 de diciembre de 1890 y que luego de dos años fuera traído a Buenos Aires por su madre (soltera) Berthe Gardes. Después aparecieron los revisionistas uruguayos, que lo presentan como un compatriota nacido en Tacuarembó. Lo cierto es que en la vida de Gardel hay no pocos pasajes oscuros, que enriquecen su misterio y su leyenda. Pero aun sin ese ingrediente, Gardel habría sido considerado siempre, como lo fue en vida, el mayor cantor de tangos y uno de los artistas populares mayores de su tiempo, sólo comparable a Bing Crosby y a Maurice Chevallier. Y, cuando la industria cinematográfica norteamericana, ansiosa de conquistar el mercado hispanófono, creó un cine hablado en español, Carlos Gardel tuvo como partenaires a dos de las actrices hispánicas más cotizadas de Hollywood, Mona Maris y Rosita Moreno, y desplazó de las taquillas cinematográficas de América latina al gran tenor mexicano José Mojica.

Este artista que el tango se incorporó en la segunda década de nuestro siglo y perdió al promediar la cuarta (murió carbonizado en un accidente aéreo producido en Medellín el 24 de junio de 1935) era un hombre más bien bajo; de tez blanquísima y pelo renegrido; ligeramente oblicuo al caminar; de sonrisa entradora y alma muy tierna, pero dado a chascarrillos sucios y bromas pesadas; trabajador infatigable, mucho menos generoso de su amistad que de su dinero; amigo manirroto de canillitas y gravoches; de amores reservados y seguramente escasos; señor con los señores y reo con los reos. Fue además un hijo ejemplar y un buen cristiano que no se avergonzaba de ir a misa.

LAS PALABRAS

¿Es el lunfardo el idioma del tango? Digamos, ante todo, que el lunfardo no es un idioma, ni un habla, ni un dialecto, ni una jerga. Es, apenas, un vocabulario, un repertorio de vocablos de diverso origen que el hablante de Buenos Aires emplea en oposición a los que le propone la lengua común; así, donde la lengua común le propone *dormir* dice *apoliyar* y donde le propone *niño* dice *pibe*. ¿Por qué lo hace? Por varias razones: para dar a su discurso mayor calidez, para demostrar aplomo, por donaire o diversión. Es corriente decir que se trata de palabras propias de la jerga de la delincuencia, de lo que Borges llamó "tecnología de la furca y de la ganzúa"; pero no es exactamente así. Ciertamente las voces delictivas del lunfardo son muchas, pero muchas más son las que tienen origen dialectal italiano. Tal ocurre con términos como *acamalar, bacán, crepar, farabute, mufa* y tantísimos otros. Y los hay también procedentes del francés, como *guiñe* (sin contar los argóticos, como *chiqué* y *gigoló*); del español popular, como *curda*; del caló, como *chamullar* y *chorro*; del portugués del Brasil, como *fariñera, descangayado, tamango*, etc.

El fenómeno de los vocabularios marginales (que algunos lingüistas llaman, con exceso de lenguaje, lenguas especiales) afecta a todos los idiomas establecidos, pero, lejos de corromperlos, los enriquece. El castellano se ha beneficiado con muchos términos de la germanía y el caló.

Antes de la gran inmigración, que comienza en la década de 1860, el vocabulario marginal del habla de Buenos Aires era ese conjunto de dialectismos y arcaísmos españoles que solemos llamar gauchesco. Si consideramos al lunfardo como lo que realmente es, un vocabulario marginal, podríamos decir que el gauchesco, originado en la campaña, fue el primer lunfardo de la ciudad de Buenos Aires. Y es ese "lunfardo" el que aparece en el tango, aunque ya mezclado con el otro, con el originado en la inmigración, todavía incipiente. Así, en la letra de *El Porteñito* (1903), debida a Ángel Villoldo, conviven términos traídos por la inmigración, como *estrilo* y *vento*, con otros propios del llamado gauchesco: *china, vigüela*. En *La Morocha* (1905), del mismo autor, sólo hay un término –*cimarrón*– que podría considerarse marginal. En *Los disfrazados* (1906), de Carlos M. Pacheco, se juntan los gauchescos *china, aijuna, cuartas* con el dialectal italiano *purriá minga* que constituía una muletilla de los compadritos. En otros tangos de Villoldo se encuentran algunas expresiones populares en España –como *chipé* o *chitón*–, pero no faltan lunfardismos originados en la inmigración, tales como *manyar* y *estrilador*.

En la evolución de la letra del tango podrían distinguirse tres etapas. La primera corresponde a las letrillas picarescas y a veces obscenas, de las que Héctor Bates y Luis J. Bates ofrecen algunas muestras, si bien semiocultas bajo pudorosos puntos suspensivos; la del tango de varieté, que comprende muchas letras compuestas por Villoldo y algunos otros vates populares, y aun cantores, como Arturo Mathon y Francisco Bianco; y la del tango canción, que se abre con Pascual Contursi hacia 1914. Los primeros tangos de Contursi abundan en lunfardismos, que en ocasiones conviven con voces gauchescas tales como *china, prenda, boliche*. Véanse los términos de origen dialectal italiano que emplea en su letra para *Champagne Tangó* (1914): *mina, buyón, pibero, engrupir, morfar, mishiadura, bacán, vento*. Recuentos semejantes podrían hacerse en las otras letras del vate chivilcoyano. Como ellas son líricas, puesto que "promueven una honda compenetración con los sentimientos manifestados por el poeta", puédese afirmar que, con Contursi, el lunfardo, que sólo había expresado la caricatura y la provocación, ingresa en el territorio de la lírica. Y en ese territorio se siente cómodo, como lo demuestran no sólo los tangos de Contursi, sino también los de Celedonio Esteban Flores, los primeros de Discépolo, muchos de Cadícamo, algunos de González Castillo y páginas tan decididamente lunfardescas como *El ciruja* (1926), de Alfredo Marino; *Barajando* (1928), de Eduardo Escariz Méndez, y *1 y 1* (1929), de Lorenzo Traverso.

Alfredo Le Pera, salvo en alguna página inicial, prescindió del lunfardo, porque su cometido era el de conquistar el mercado hispanófono para Carlos Gardel. Supo ingeniarse, sin embargo, porque sin el ingrediente lunfardo, o con una mínima dosis, logró dar a casi todas sus letras un reconocible sabor local. Homero Manzi, que criticó a Le Pera porque no escribió para Gardel películas de ambiente porteño, tampoco empleó el lunfardo en sus tangos, sin duda porque no lo sentía, o porque creía que la letra de tango debía aspirar a un lenguaje más culto. En todo caso, sin recurrir al lunfardo pudo escribir tangos bellísimos en los que el porteño se siente expresado como en los de Celedonio Flores. Tal vez uno de los méritos de Manzi haya sido el de demostrar que la letra de tango no requiere indispensablemente voces lunfardas. De modo análogo, el mérito de Contursi y de Flores fue el de demostrar la aptitud literaria del lunfardo.

Los términos lunfardos, como los de cualquier léxico, caducan y desaparecen. Algunos que se encuentran en plena vigencia tienen ya casi un siglo de uso constante en Buenos Aires; otros, en cambio, han ido desapareciendo. Los poetas del tango más modernos –Horacio Ferrer, Eladia Blázquez y Héctor Negro– no desdeñan el lunfardo, pero tampoco lunfardizan al modo de *Margot* o *Muñeca brava.* Los que no se ven aparecer en el tango son los nuevos lunfardismos, esas creaciones de los jóvenes porteños que sin ninguna duda son lunfardas, puesto que se trata de vocablos de diverso origen que se emplean en oposición a los propuestos por el habla común. Así han desaparecido prácticamente palabras tan expresivas como *fachero, groncho, filmar.* La literatura fija las palabras y si la literatura popular –las letras de las canciones populares– no las fija, también desaparecerán *bancar, trucho, pálida, bajonear, masoca,* etc. Sería una lástima.

LAS VOCES

Todo indica que el primer tango cantado profesionalmente fue *La Morocha*. Lo estrenó Lola Candales en 1905. La Candales era una profesional de la canción, pero no del tango; era una tonadillera y cantó *La Morocha* como si se hubiese tratado de un cuplé. Más o menos por aquellos años otra cupletista que devendría actriz genial, tal vez la mayor de la lengua, Lola Membrives, cantaba *Cara sucia*; Villoldo entonaba los cuplés de compadritos y malevos que le placía componer y otros artistas, menos recordados pero no olvidados, cultivaban también esa especie cantable híbrida que estaba dejando de ser cuplé pero no se animaba a ser tango.

Tangos eran los que cantaba Pascual Contursi en el Moulin Rouge de Montevideo hacia 1915 y 1916. No tenían más remedio que serlo, puesto que Contursi aplicaba sus letras a tangos compuestos para ser bailados (¿para qué otra cosa podía componerse entonces un tango?). Contursi se acompañaba a veces con una guitarra, otras, con el conjuntito de Alberto Alonso que tocaba en esos lugares para los bailarines. Carlos Warren decía que lo había acompañado al piano cuando estrenó *Mi noche triste*. No era profesional, en términos burocráticos, porque no percibía sueldo ni honorarios, pero se lo autorizaba a pasar la *quête* y se sustentaba con las propinas que recibía. Contursi, que poco más tarde viviría de sus derechos de autor como letrista y sainetero, cuando abandonó la que ahora se llama relación de dependencia y viajó a la otra banda, comenzó a proveer a su sustento cantando tangos. Es, pues, el primer cantor de tangos en términos profesionales, más allá de la semántica laboral. Su retrato no debería estar ausente de la Casa del Cantor.

Cuando Contursi se alejaba a Montevideo, Carlos Gardel comenzaba a ser un cantor profesional. Ello ocurrió el 1º de enero de 1914, cuando debutó en el Armenonville, con su chaperón José Razzano. De entrada nomás Gardel se convirtió en vedette, pero continuaba siendo un cantor criollo. Su primer tango lo cantó en 1917, cuando ya lo tenía cantado el autor, Pascual Contursi. La grabación que registró aquel mismo año exhibe a un tenor que entona alto, un tenor que canta bien, musicalmente hablando, pero que todavía no sabe cómo debe cantarse un tango, por la sencilla razón de que nadie lo sabía y a él le estaba reservada la faena de inventar cómo debía hacerse. Compare quien quiera aquella primera versión gardeliana de *Mi noche triste* con la otra, de 1930, y advertirá el largo y duro camino que hizo Gardel antes de llegar a la cumbre.

Manolita Poli debutó también como cancionista cantando *Mi noche triste*. Fue en abril de 1918 y lo hizo al presentarse el sainete "Los dientes del perro", de José González Castillo y Alberto T. Weisbach. La acompañaba la orquesta de Roberto Firpo. Antes que la Poli otras niñas estaban cantando también en los escenarios, pero no tangos, sino cuplés de compadritos. La más famosa de todas fue Linda Thelma (Ermelinda Spinelli). Esta también cantó más tarde algunos tangos y solía hacerlo con indumentaria masculina, inclusive caracterizada de rufián. Pero la primera cancionista de tangos fue la Poli y de las primeras fue Evita Franco, una niña menos que veinteañera cuando en 1923 cantaba *Pobre milonga*, algunas semanas antes de que Azucena Maizani debutara con *Padre nuestro*.

Ni Manolita ni Evita se convirtieron en cancionistas. Ambas prosiguieron sus carreras escénicas y la Franco –hija de José y hermana de Herminia y de Nélida– fue muchas veces cabeza de compañía. Ambas estrenaron muchísimos tangos, pero siempre en el contexto de las representaciones teatrales. La Poli solía remitir las partituras de sus estrenos a José Muñiz, que andaba por Cuba y por México, para que las cantara en esos países. Porque, después de *Mi noche triste,* otros tangos comenzaron a intercalarse en las representaciones de los sainetes. En el mismo año 1918, el 27 de junio, en la interpretación de "¡Cuidado con los ladrones!", sainete en un acto de Alberto Novión, representado por la compañía Muiño-Alippi, el actor Drames canta el tango *Ivette*, cuya música firman Costa y Roca, que es uno de los más bellos compuestos por Contursi. Actores y actrices cantaron luego tangos en diversas piezas teatrales. Hasta que un actor, que era apuesto y buen cantor de cosas criollas, se convirtió en cantor profesional. Había nacido en Italia y se llamaba Ignacio Corsini.

EL CANTO

Edmundo Rivero, en su libro "Las voces, Gardel y el canto" (1985), desarrolló, con información y acuidad, un brillante análisis técnico del canto de Carlos Gardel. Dejó escrito mucho y bueno, pero no se trata aquí, específicamente, del canto gardeliano, sino del canto del tango, que, según todo lo indica, inventó Gardel. Digo según todo lo indica porque nadie sabe cómo cantaba Contursi, que fue el primero en cantar tangos propiamente dichos. Gardel procedía del canto campesino, que, como bien señala Rivero, tiene en la campaña bonaerense un dejo de melancolía. Estaba, pues, en las antípodas de Villoldo, artista de varieté más que cantor, en cuyo repertorio primaba la nota alegre, paródica y muchas veces desenfadada. Sin duda, el canto inicial de Gardel tenía reminiscencias de los payadores, cuyas voces persisten en algunos viejos discos y suscitan todavía sentimientos melancólicos.

La primera grabación de un tango hecha por Gardel (*Mi noche triste*, 1917) supone el primer paso dado por el gran intérprete hacia el canto del tango.

Insisto en que no llegó a la cumbre sino siete años más tarde, en 1924, cuando cantó *Príncipe*, que había sido estrenado por Juan Carlos Marambio Catán (fue Marambio quien se lo "pasó", es decir, se lo cantó para que lo memorizara, a pedido de Razzano). Todavía cantaba Gardel velozmente, casi ansiosamente (compárense las versiones de *Milonguita* hechas por Raquel Meller y por Carlos Gardel, una y otra, en 1920, y se advertirá sin esfuerzo la diferencia de ritmo). De todos modos, en la versión de *Príncipe* exhibe Gardel su aptitud –tan lúcidamente señalada por Rivero– para embellecer las músicas y las letras que interpretaba.

La clave del canto del tango quizá esté en el verbo interpretar, es decir, traducir. El cantor de tangos es un traductor de sentimientos, pero no sólo de los sentimientos de los creadores, sino, principalmente, de los oyentes, del pueblo. Un cantor de tangos no es el lenguaraz de Contursi ni de Manzi; es el lenguaraz de la gente. Y puesto que la gama de los.sentimientos es infinita y en ella se mezclan desde la sevicia ("lo escupió con asco al verlo morir") a la ternura (*Si se salva el pibe*), el cantor debe haberlos experimentado alguna vez. El conocimiento experimental de lo que se quiere decir es –en cuanto al tango concierne– más importante que los 34 recursos mencionados por Rivero. Allí está la explicación, me parece, de la arrolladora comunicatividad de Azucena Maizani –tenida, cuando Gardel vivía, como equivalente femenino del gran cantor, quien jamás fue discutido ni puesto en duda como number one–. Azucena afinaba muy bien, pero era una cantante intuitiva. No era lo que se dice una gran cantante; sin embargo, cuando decía aquello de "tragó saliva pa'dentro" (*El rosal de los cerros*) le ponía la piel de gallina a mi primerísima juventud.

Alguien me ha cuestionado por qué razón me ocupo de las letras de tango, que, tantísimas veces, suenan más bien a subliteratura: "A nadie le importa el libreto de 'Nabuco' o de 'Aída'; lo que importa es la música". Pues en el canto del tango lo que importa es la letra. Nadie cantaría hoy *Noche de Reyes*, que lleva una música bellísima de Pedro Maffia y una letra horrenda de Jorge Curi. Todos cantan, en cambio, *Cambalache,* cuya música no es ciertamente una obra de arte. Gardel, que en su vida no había hecho más que cantar, que era el canto mismo, logró el equilibrio necesario para dar al César sólo lo que debía ser del César, pero aun así privilegió la música sobre la letra cuando, debido a razones musicales muy bien explicadas por Rivero, pronunciaba la letra *n* de un modo que la hacía sonar como una *r*, tal como los grandes cantantes. *Copen la banca* –un lindo epítome de lugares comunes compilado por Dizeo y musicado por Pacho– es cantado por Gardel sin adorno vocal alguno y con un ligero dejo irónico que está a años luz del sarcasmo de *Victoria*. Creo que la interpretación gardeliana en que se muestra ejemplarmente la simbiosis del cantante y el cantor es ofrecida por la tonada salteña *Mentiras.*

El temperamento dramático luce esplendoroso en *Confesión*; la picardía, en *Gajito de cedrón*; la ternura, en *Sus ojos se cerraron.* Ni Ignacio Corsini ni Alberto Gómez tenían el timbre vocal adecuado para interpretar tangos; a Azucena la perjudicaba cierta tendencia al énfasis; Agustín Magaldi cultivaba un tono quejumbroso que malograba sus óptimas condiciones de intérprete; Libertad Lamarque y Ada Falcón cantaban muy bien pero tiraban más a tonadilleras que a cancionistas de tango; Charlo, dueño de una técnica sin segundo, musical hasta donde es posible serlo en el canto popular, tenía una voz fría y no se distinguía por su comunicatividad. Rosita Quiroga cultivó un estilo coloquial, a medio camino entre el canto y la conversación. Sólo Mercedes Simone se acercó a la suma de condiciones que colocaron a Gardel en la cumbre: era musical y afinada, tenía timbre de contralto, intelección maravillosa de las letras, bien controlado temperamento dramático y cierta inclinación –lo mismo que Gardel– a especies musicales foráneas. Pero naturalmente tampoco ella era el equivalente femenino del maestro.

Todos esos intérpretes fundadores, tan diversos, de personalidades tan distintas, y aun opuestas, coincidían en algo que es fundamental y que los diferenciaba de los cantantes. Privilegiaban la letra sobre la música. Cosa que no podría hacer jamás Plácido Domingo, por ejemplo.

BALANCE DE MEDIO SIGLO

Si admitimos que el tango comenzó a desarrollarse durante la década de 1870, deberemos admitir también que, con la segunda década del siglo XX, concluyó su primer cincuentenario. Ya vimos que se originó cuando, poco antes de la peste grande, los compadritos dieron en introducir en sus bailes habituales los quiebros imitados del candombe. De ahí en más lo que Carlos Vega llamó el repertorio de figuras coreográficas creadas por el compadrito buscó una estructura musical que le sirviera de sustento y, luego de pasar por la mazurca, la habanera y el tango andaluz, recaló en la milonga. Eso ocurrió en las academias y peringundines concurridos por gente del bajo fondo. Allí aprendieron a bailarlo los jóvenes de la aristocracia, quienes lo llevaron a sus garçonnières o viviendas de solteros y luego a París.

En la capital de Francia, a donde llegó hacia 1910, alcanzó el tango una gran popularidad, que se extendió por toda Europa, pero al mismo tiempo desaceleró la velocidad de su ejecución y modificó su compás, que del 2x4 pasó al 4x8. Este fue el tango que el barón Antonio María De Marchi presentó en 1912 en el Palais de Glace y en 1913 en el Palace Théâtre y el que finalmente terminó imponiéndose. El baile del tango, propio de malevos y de gente de muy humilde condición social, dio entonces un salto a los salones aristocráticos y de allí en más fue unánimemente aceptado.

El repertorio de figuras coreográficas prestamente se convirtió en un baile. Enseguida pasó a la condición de música cantable, mediante las letrillas –pergeñadas sobre el modelo del cuplé– que le colocaron algunos vates populares. Simultáneamente hubo autores de formación musical más esmerada, como Roberto Firpo y Juan Maglio, que, aun cuando daban por sentado que el tango debe ser bailable o no es tango, procuraron alcanzar mayores valores estéticos en la interpretación musical. Paralelamente, un poeta popular, Pascual Contursi, abandonó el modelo del cuplé y, al escribir letras para tangos bailables, recurrió a los grandes temas de la poesía universal –el amor, la pena de amor, la fugacidad de las cosas humanas–. Cuando Carlos Gardel cantó un tango de Contursi, en 1917, inauguró el tango canción.

Mucho logró el tango en su primer medio siglo: se hizo baile, conquistó Europa, se difundió por todas las clases sociales de la Argentina siguiendo un curioso itinerario –peringundines, garçonnières, París, salones de la aristocracia, bailes de la clase media–, encontró al poeta y a la voz que lo convirtieron en tango canción y abrió el camino que lo llevaría a convertirse en música.

El tango es una tríada de danza, canción y música. Al finalizar la segunda década, la danza se había consolidado y la canción y la música se introducían enérgicamente en el futuro.

A continuación doy una nómina de los grandes creadores de ese período, es decir, de los compositores nacidos entre 1870 y 1890, cuyas obras convirtieron en melodías al espíritu del tango. En términos generales puede decirse que son ellos los tanguistas de la guardia vieja, si bien algunos alcanzaron a brillar también en las sucesivas guardias. He aquí la nómina en cuestión.

Miguel Tornquist (1860-1908): El Maco; *Ángel Gregorio Villoldo* (1861-1919): El Choclo, Una fija, El torito, Elegancias; *Anselmo Rosendo Mendizábal* (1868-1913): El entrerriano, Zeta Club, Don José María, Reina de Saba, Viento en popa; *Feliciano Latasa* (1871-1906): Hotel Victoria; *Lorenzo Logatti* (1872-1961): El irresistible, Susceptible, El cabrero; *Alfredo Antonio Bevilacqua* (1874-1942): Apolo, Venus, Independencia, Emancipación, No manyás que aburrís; *José Luis Roncallo* (1875-1954): El purrete, Guido, Che, sacámele el molde; *Carlos Posadas* (1875-1918): Cordón de oro, Retirao, El tamango, Igualá y largá; *Manuel Campoamor* (1877-1941): La c... de la l..., En el séptimo cielo, La metralla, Muy de la garganta, Sargento Cabral; *Alfredo Eusebio Gobbi* (1877-1952): Seguíla que va chumbiada, Aura que ronca la vieja; *Enrique Saborido* (1877-1941): La morocha, Felicia, Mosca brava, Berlina de novios; *Osmán Pérez Freire* (1877-1930): Probá que te va a gustar, Trade mark, Maldito tango; *Juan Maglio* (1880-1934): El zurdo, Royal Pigalle, Armenonville, Sábado inglés; *Arturo Herman Berstein* (1882-1935): Rama caída, La gaita; *Carlos López Buchardo* (1881-1948): Pare el tránguay, mayoral; *Alberto López Buchardo* (1882-1918): Germaine, Ave negra, Entre dos fuegos; *Próspero Cimaglia* (?-1933): Añoranza campera, Una noche de garufa; *Luis Teisseire* (1883-1960): "La Nación", Bar exposición, Farolito viejo, Entrada prohibida; *Domingo Santa Cruz* (1884-1931): Unión Cívica, Hernani; *Agustín Bardi* (1884-1941): Vicentito, Gallo ciego, Qué noche, Independiente Club, Tierrita, Lorenzo, El rodeo, Nunca tuvo novio, La última cita; *Roberto Firpo* (1884-1969): Marejada, Sentimiento criollo, Didí, El amanecer, Alma de bohemio, El rápido; *Ernesto Ponzio* (1885-1934): Don Juan, Ataniche, Quiero papita; *Juan de Dios Filiberto* (1885-1964): Caminito, Quejas de bandoneón, El pañuelito, Botines viejos; *Samuel Castriota* (1885-1932): La yerra, Lita, El arroyito; *Manuel Jovés* (1886-1927): Buenos Aires, Loca, Patotero sentimental, Nubes de humo, La midinette; *Manuel Gregorio Aróztegui* (1888-1938): El apache argentino, El Cachafaz, Champagne tangó, El granuja; *Vicente Greco* (1888-1924): Racing Club, El flete, La muela cariada, La viruta, Ojos negros, Popov, El cuzquito, El perverso; *Francisco Canaro* (1888-1964): La Tablada, Nueve puntos, El pollito, El chamuyo, Charamusca, Mano brava, Sentimiento gaucho, Pájaro azul, Halcón negro; *Augusto P. Berto* (1889-1953): La biblioteca, La Payanca, La oración; *José Martínez* (1890-1939): Pablo, La torcacita, Yerba mala, Punto y coma, Expresión campera, Canaro, Polvorín, Pura uva; *Pedro Sofía* (1890-1976): Echále arroz a ese guiso, No señora, voy torcido, Alma criolla. *Anónimos:* El queco, Dame la lata, El llorón, Cara sucia, Qué polvo con tanto viento. Aunque nacido algo después que Martínez y Sofía, no es impropio agregar a *Enrique Delfino* (1895-1967): Refasí, Belgique, Sans Souci, Agua bendita.

LA GUARDIA VIEJA

El 26 de enero de 1932 se ofreció en el teatro Nacional un espectáculo titulado *"El Tango Porteño. Crónica de su evolución"*. Intervinieron dos orquestas: la Orquesta de la Guardia Vieja que interpretó "El tango de ayer (antes del bandoneón)". El tango moderno (sic) estuvo a cargo del conjunto de Roberto Firpo. La Orquesta de la Guardia Vieja había sido organizada por Juan Carlos Bazán y estaba integrada por Ernesto Ponzio, Enrique Saborido, José Luis Padula, el mismo Bazán, Vicente Pecci, Ernesto Juan Muñecas, Alcides Palavicino, Eusebio Aspiazú, Eduardo Arbol y Domingo Pizarro. Ningún bandoneonista formaba en ella. Esta circunstancia, además del explícito título del espectáculo, estaba indicando que, al menos para Bazán, el tango de la guardia vieja era anterior al bandoneón.

El mismo año 1932 la editorial Pirovano lanzaba una edición del tango *Destellos,* de Canaro y Caruso, con la siguiente presentación: "Tango de la guardia vieja". Sin embargo ese tango había sido compuesto –y estrenado por Ignacio Corsini– en 1925, apenas siete años antes.

Estos dos acontecimientos me llevaron a la convicción de que el concepto *guardia vieja* no estaba suficientemente claro y, en consecuencia, convenía aclararlo.

Acudí entonces a los especialistas. En primer término consulté *La historia del tango* de Héctor Bates y su pariente Luis J. Bates. En el concepto de estos autores no existían entonces (año 1936) tangos de la guardia vieja ni tangos modernos. Esas calificaciones correspondían al modo de ejecutar los tangos, cualquiera fuese su antigüedad. Dicen: "Observemos también que dentro del mismo tango se han producido variantes enormes desde los primeros tiempos hasta nuestros días. Y el público mismo las ha notado, puesto que en la actualidad clasifica a las orquestas en 'modernas' y de la 'guardia vieja'. Y ello no responde exclusivamente a diferenciar a los ejecutantes, como podría creerse, ya que en los de la 'guardia vieja' hay muchos jóvenes imberbes... sino que así establece las diferencias rítmicas que caracterizan a una y otra. La evolución apuntada ha originado más de una pregunta al respecto, ya que si se *escribe* igual que antes, ¿por qué no se *toca* igual también? Y es aquí a donde queríamos llegar" (págs. 20/21).

Refiérense luego los estudiosos a la notación del tango que "responde a la base de *dos* 'negras', y, sin embargo, para que adquiera el sabor que nosotros le imprimimos, es necesario interpretarlo como si fuesen *cuatro* 'corcheas'. Y el mismo acompañamiento lo dice, puesto que se reduce en el piano –instrumento conductor por excelencia– a una especie de martilleo acompasado que va dividiendo los compases en cuatro tiempos, o cuatro golpes bien identificados" (pág. 21).

Mi indagación continuó en el siguiente orden: Juan Carlos Lamadrid, uno de los primeros teorizadores del tango, en su artículo *Tango y tanguismo* (Buenos Aires, La Prensa, 7 de junio de 1953), se refiere a una época que declara concluida "alrededor de 1915" con las siguientes afirmaciones: "Los conjuntos no exceden de cuatro músicos, en su mayoría intuitivos. Son ejecutantes limitados por lo precario de sus recursos profesionales y he aquí el gran drama del tango que se debate impotente sin hallar directores de conjunto u orquestas que logren expresar con fidelidad a sus partes según fueron escritas, exaltando de ellas lo poético, lo artístico-musical. Es el tremendo período de 'tocar a la parrilla' improvisando sobre temas mal conocidos y mal expuestos. A este período anómalo, infrahistórico, han dado en llamarle de la 'guardia vieja' y éste es el primer tanguismo. Ese modo antimusical de ejecutar tangos aún tiene adeptos. El ritmo monocorde sin magia ni representación espiritual es postulado por algunas actitudes románticas que han caído en la añoranza de lo peor y el repudio de lo mejor. Esta inversión de conceptos es ya un mito organizado y alimentado por los perezosos mentales y algunos 'snobs' fáciles de impresionar".

Rubén Pesce, quien tuvo a su cargo el capítulo dedicado a la guardia vieja en *La Historia del Tango* de la editorial Corregidor, de Buenos Aires, no coincide ciertamente con Lamadrid. Dice: "Si hemos hablado de una etapa precursora, queremos decir que a partir de 1900, y hasta 1915 ó 1920, establecemos otra época en la historia del tango, que es la denominada 'Guardia vieja', pero que para nuestro sentimiento y gusto personal, por su producción y por sus intérpretes, desearíamos tener como la época más auténtica del tango. Cuando soplaron vientos renovadores en la música popular porteña, con el temor de ser petulantes, no se habló entonces de 'Van-guardia', sino de 'Guardia Nueva'. Y de allí, al parecer, para distinguirla de esa nueva etapa, surgió para la anterior la denominación de 'Guardia Vieja'. /.../ Al iniciarse el siglo, al iniciarse una nueva etapa de la historia del tango, éste era ya propiedad de las clases populares. Este es un hecho social que se afianza, indudablemente, en este período que llamamos 'de la Guardia Vieja'. Pero casi simultáneamente, y a veces como consecuencia del cambio social, se dan otras circunstancias que confluyen para el éxito, el desarrollo, la difusión y la madurez del tango, con sus creadores e intérpretes" (Tomo III, 1977, págs. 291 y ss).

Horacio Ferrer, en un libro pequeño y admirable, *El TANGO, su historia y su evolución*, formula una observación tan aguda como verídica: "La historia del tango es un fenómeno absolutamente continuo, en el cual, los episodios fundamentales de sus Guardias, se hallan entrañablemente unidos por un conjunto de vínculos estéticos, sociales, económicos y humanos. El fin de la Guardia Vieja está sobrepuesto al inicio de la Nueva. Presenta aquél, en forma por demás notoria –las flamantes obras de Enrique Delfino, Juan Carlos Cobián o Agustín Bardi, por ejemplo– muchos de los caracteres que han de distinguir a éste. Y a la vez, el comienzo de la Guardia Nueva deja traslucir en sus modificaciones e innovaciones muchos rasgos que los asocian inextricablemente a la Vieja Guardia. En la escritura de muchas obras que pertenecen indiscutiblemente, por grado de evolución, espíritu y desarrollo, a la Guardia Nueva, es muy frecuente encontrar –sobre todo en los acompañamientos– vacilaciones, delgadeces y giros característicos de la Guardia Vieja". (Buenos Aires, A. Peña Lillo Editor, 1960, pág. 31).

En el mismo libro (pág. 30) Ferrer suscribía el criterio expuesto por Luis Adolfo Sierra: "Nos inclinamos a afirmar que la solución del deslinde entre las dos 'guardias' radica en un concepto de forma que es el conducto por el cual se ha operado el proceso evolutivo de nuestro tango. Creemos que es únicamente el aspecto formal, el rasgo inequívoco de distinción entre la Guardia Vieja y la Guardia Nueva".

El Club de la Guardia Nueva, de Montevideo, en el cuarto de sus cuadernos, estimaba que "El primer lapso (Guardia Vieja) abarca el tiempo de *gestación inicial* del fenómeno: la incubación, los instantes que van desde la aparición hasta la madurez. En una palabra: todo el transcurso temporal comprendido desde que el tango comienza a asomar como algo en cierto modo distinto a los demás géneros musicales, hasta el momento en que sin lugar a dudas está sustantivamente diferenciado y ya no puede confundírselo con las vertientes que le dieron origen" (pág. 15).

Homero Manzi, al presentar el volumen *Primera escuela de bandoneón*, compuesto por Carlos Marcucci y Félix Lipesker, da a entender que, a su juicio, corresponde al que él llama "tango intuitivo", y agrega: "Pero Marcucci y Lipesker no pertenecen a la etapa de los ejecutantes y compositores intuitivos. Ellos, por el contrario, militan en la falange conciente de los muchachos nuevos que asomaron a la música popular entrando por la puerta del esfuerzo estudioso. Era lógico: ellos llegaron cuando ya se quemaban los últimos cartuchos del tango intuitivo. Se fue, lo que con gran acierto, Carlos de la Púa bautizó 'Guardia Vieja'. Nada de bajos de Bandoneón cumplidos dentro de las formas primarias de 'Dominante' y 'Tono', nada de acordes rudimentarios o cantitos melódicos de una sola nota; nada de estridencia a todo pulmón –pulmón de fuelle. Allí, con ellos y los que formaban con ellos su generación, terminó esa etapa respetable, pintoresca, pero superada". (El volumen de Marcucci y Lipesker carece de fecha de edición).

Miguel Ángel Scenna, a su vez, dejó escrito: "Hacia 1920 la Guardia Vieja ya había cumplido su ciclo. El tango requería otros horizontes. Y fueron hombres de la Guardia Vieja, pero renovadores, como Arolas, Firpo o Thompson, quienes lo llevarían de la mano para entregarlo a la nueva generación que ya le venía pisando los talones en busca de dejar su mensaje". (Miguel Ángel

Scenna, 'Una historia del bandoneón", en la revista *Todo es Historia*, agosto y setiembre de 1974).

* * *

La discordancia de estos conceptos me llevó a buscar mejores precisiones en las letras de tres tangos que se refieren a la Guardia Vieja. El más antiguo es *Guardia Vieja*, con versos de José de Grandis, grabado por Julio De Caro, autor de la música, en 1926. La letra no hace referencia alguna al tango en ninguna de sus etapas. Se refiere a la juventud del protagonista, transcurrida entre "las farras y orgías", cuando despilfarraba su fortuna de la que ya sólo le quedan recuerdos.

El 10 de agosto de 1933, la compañía Arata-Simari-Franco estrenaba en el teatro Comedia "Guapos de la guardia vieja", una pieza de Juan Villalba y Hermido Braga. En el texto del sainete se habla, ciertamente, de "un tangazo de aquellos de flor y truco", pero no se emplea la expresión Guardia Vieja para referirse a esa especie musical. Un cantor, cuya identidad no he podido precisar, canta, durante los últimos tramos de la pieza, el tango *Guapo de la Guardia Vieja*, con música de Ricardo Cerebello. La bella letra de Enrique Cadícamo sólo emplea la expresión para calificar a un tipo de guapo.

Anterior (de 1929) es el sainete *La guardia vieja*, de Manuel Romero, cuyo texto se ha perdido. En su representación Carlos Viván cantaba el tango "La Guardia Vieja", con letra del mismo Romero y música de Ángel Negri y Julio Pollero. La Guardia Vieja no era, para Romero, una etapa de la evolución del tango, sino el "dichoso tiempo aquel / de nuestra juventud".

* * *

Estos antecedentes, que están muy lejos de haber agotado la investigación, permiten llegar a las siguientes conclusiones provisionales:

1° La expresión *guardia vieja* se empleaba, en la década de 1920, para referirse al tiempo pasado, es decir, al comienzo del siglo, a la misma época añorada por el protagonista del tango *Tiempos viejos*. No he podido todavía documentar el empleo literario de esa frase con la amplitud necesaria.

2° Carlos de la Púa aplicó esa expresión a los tangos que se ejecutaban en aquellos tiempos. No he podido establecer en qué circunstancia Carlos Raúl Muñoz difundió esa expresión. El único testimonio al respecto es el de Homero Manzi.

3° No es posible establecer limitaciones cronológicas precisas de la Guardia Vieja. La expresión Guardia Vieja, en cuanto al tango se refiere, no tiene un contenido temporal, sino estético. Puede admitirse que comienza con los primeros tríos de ejecutantes más o menos ambulatorios y concluye cuando se extiende la mayor preocupación por la armonía. El sexteto de Julio De Caro ilustra el fin de la Guardia Vieja y el comienzo de la Nueva.

4° El concepto tanguístico Guardia Vieja siempre fue equívoco y lo es todavía. Puede decirse, empero, que no se refiere a los valores de composición sino al modo de interpretación. No hay tangos de la Guardia Vieja ni de la Guardia Nueva. Tangos musicalmente tan ricos como *La cachila, El Marne, Alma de bohemio, Qué noche, Sans Souci, Salomé* son de la Guardia Vieja en las interpretaciones de Arolas o de Greco, pero no lo son en las de De Caro o Fresedo.

5° Juan D'Arienzo volvió a la velocidad de ejecución de los pequeños conjuntos de la Guardia Vieja. Sus interpretaciones proponen una suerte de remedo, de pastiche de aquellos conjuntos. En todo caso son híbridas, pues reúnen la velocidad de ejecución de aquellos conjuntos primitivos y la concertación instrumental más la sonoridad de los modernos.

6° La expresión Guardia Nueva surge como contraposición a Guardia Vieja que inclusive en su acepción tanguística es anterior. Miguel Ángel Scenna habla de la Guardia del Cuarenta y yo he adoptado esta expresión, más precisa que Generación del Cuarenta.

LOS TEMAS

El tango se viene cantando desde el momento mismo en que un compadrito ensayó la primera quebrada. Otro bailarín, absorto, exclamó entonces: "Aura pues maula. Oigalé al barrilete. Gringuería se llama mamita. No se purriá minga con los bailarines del Politeama. Pucha que le tengo miedo. Que le den pan a la lora". El escenario era turbio; la concurrencia estaba formada por la flor del sabalaje. Ergo –como diría un casuista–, las exclamaciones que se sucedieron eran de color subido, según suele decirse eufemísticamente; es decir, capaces de sonrojar a un carrero. Aquellas exclamaciones buscaban la rima y se iban convirtiendo en letrillas que tiraban a desfachatadas y obscenas. Lo análogo ocurriría décadas más tarde en los estadios futboleros. Ángel Gregorio Villoldo, joven de gesto bonachón y fuertes bigotes tipo manubrio, que gustaba de versificar, inspirado por los alaridos intercambiados entre los bailarines, compuso octosílabos, bien medidos sobre el modelo de los cuplés en boga. Él mismo les ponía música; los cantaba y los editaba. Ahora son tenidos por las primeras letras del tango. Siguiendo su ejemplo, otros escritores se pusieron a escribir letras para tangos que no las tenían, por ejemplo, los muy famosos y difundidos del uruguayo Aróztegui *El apache argentino* y *El Cachafaz*. Esto ocurrió entre 1905 y 1915, año más o menos.

En 1914 otro personaje, Pascual Contursi, que tenía las mismas habilidades de Villoldo –las de escribir versos, tocar la viola y cantar– escribió una letra para el tango *Matasano*, de Francisco Canaro. En la métrica y en el tema imitó a Villoldo. Pero las letras de Villoldo eran alardes de compadritos fanfarrones y bastante cínicos, gente que tomaba la vida en solfa, carecía de nociones morales y vivía su amoralidad como una filosofía. Sujetos de esa laya eran, por ejemplo, los protagonistas de *El Porteñito, El Torito* y *Soy tremen-*

do. El creado por Contursi para *Matasano* era distinto: además de jactarse de sus habilidades se lamentaba de sus sufrimientos. Eso significaba la ruptura del molde que Villoldo había confeccionado adaptando la estructura poética del cuplé. La ruptura total se produce en 1915, cuando Pascual Contursi escribe y canta los versos de *Mi noche triste*. Por supuesto, el protagonista de esa composición es también un compadrito, pero de otra estirpe: no fanfarronea sus rufianerías sino que llora porque su compañera lo ha abandonado y de un modo indirecto, bastante digno, la invita a regresar: "De noche, cuando me acuesto, no puedo cerrar la puerta, porque dejándola abierta me hago ilusión que volvés". Ese es el primer tango cantado y llevado al gramófono por Carlos Gardel. De ahí en más la pena de amor puede expresarse en letra de tango y de hecho lo hace. Entre 1915 y 1920 Gardel graba once tangos, de los cuales siete llevan letra de Contursi. Todos se refieren a señoritas de la vida alegre. Seis relatan las peripecias de su perdición; cuatro, la volubilidad que las caracteriza y la infidelidad a que son arrastradas a veces por la ambición y otras por la fatalidad de los cuerpos. El tango restante, con letra de un joven de la clase media alta, Adolfo Herschel, canta en primera persona el infortunio de una señora abandonada por el caballero que pagaba sus lujos y sus caprichos.

Visto a través de aquellas composiciones iniciales, el tango lucía como una epopeya de la mala vida. Y así siguió la cosa, aunque no sin algún feliz extravío, hasta 1926, cuando aparece Homero Manzi, quien inaugura su poética cantando no a un amante desdichado ni a una joven perdida que "daría toda su alma por vestirse de percal", sino al viejo ciego que tañe su violín en un despacho de bebidas del arrabal. Aquellos versos son para el canto del tango casi tan importantes como los de *Matasano,* como los de *Mi noche triste.* Por supuesto, aquellas señoritas inaugurales nunca se apartaron definitivamente de las letras tangueras y por los años cuarenta reaparecieron triunfalmente en la *María* de Cátulo Castillo, en la *Malena* de Manzi, en la *Gricel* de José María Contursi. Pero la temática del tango se diversificó de un modo realmente prodigioso, que no se da en ninguna otra especie popular cantable. La siguiente es una muestra de los temas: la madre, los barrios, los inmigrantes, el tiempo pasado, la fugacidad de las cosas humanas, París, Buenos Aires, Dios, el tango mismo, la soledad, el fracaso, la situación moral, la ética, la felicidad, la justicia, el arrepentimiento, el coraje, el turf, la amistad y muchísimos otros.

En 1964 el estudioso uruguayo Daniel Vidart intentó una clasificación de esos temas describiendo ocho grupos: el urbano, el campesino, el orillero, el amoroso, el ambiental, el satírico, el lúdico y el filosófico. Contemporáneamente, una compatriota de Vidart, doña Idea Vilariño, desarrolló extensamente su propia clasificación. Por entonces, puede decirse, comenzaba la tangología. Su profundización lleva a decir que la letra del tango encierra a la vida misma, que nada de esa vida le es ajeno, y menos ajenas que cualquier otra cosa le son las contradicciones en que la vida se nutre, con las que se enriquece y que, como las piedras imanes del poema de Borges, enloquecen la brújula que busca su norte.

TANGO Y POESÍA

Hacia el año 1965, Ben Molar produjo un memorable LP titulado "14 con el Tango". Ben Molar es una de las personalidades más singulares de Buenos Aires; autor de letras para boleros famosos; editor de música popular; descubridor y promotor de cantantes tan ilustres como Los Cinco Latinos; hombre de iniciativa múltiple que incluye la creación del Día del Tango, oficializado por decreto del presidente Videla; académico consulto de la Academia Nacional del Tango; académico numerario de la Academia Porteña del Lunfardo, tiene tiempo todavía para cultivar virtudes tan antiguas como la cortesía y la generosidad. Por todo ello no ha de haber muchos porteños más queridos que el editor de *Nostalgias*.

Y bien, Ben Molar se propuso reunir en aquel LP a los catorce poetas más conspicuos de Buenos Aires y a los catorce músicos tangueros de parejo nivel. El álbum incluía además catorce láminas que comprometían a los artistas pintores más destacados por entonces. El número 6 de la cara A corresponde a *La mariposa y la muerte*, tango con versos de Leopoldo Marechal y música de Armando Pontier, interpretado por la orquesta formada ad hoc por Alberto Di Paulo, cantado por Aída Denis e ilustrado por Zoravko Ducmelic. En torno a esta composición pueden tejerse algunas consideraciones que tal vez no sean vanas.

Marechal fue, sin duda, uno de los más grandes poetas argentinos de todos los tiempos. Su letra para los 14, sin embargo, fue la única rechazada por el editor. Se titulaba *Profecía* y comenzaba de este modo: "Cuando lucís en la calle / tu pinta de nuevaolera / y en el tambor de la acera / redobla un paso de jazz, / muchacha, yo te aseguro / que sobre pinta y fandango / llevás un ritmo de tango / que nunca traicionarás". Para una milonguita popular, del tipo de *La fulana*, no estaba mal; pero el disco reclamaba una inspiración más elevada. El gran poeta insistió, tras el rechazo, con sus versos de *La mariposa y la muerte*, que comenzaban así: "Una vez, mi corazón / dijo en son de profecía, cuando yo empecé a quererte, / que sobre tu melodía / puede girar la canción, la mariposa y la muerte".

No se trataba de una composición hecha a la medida del productor, sino de la adaptación de un antiguo poema de Marechal, titulado "Canción" y publicado en "La Nación" un cuarto de siglo antes, el 2 de junio de 1940: "Bien decía el corazón / cuando, en son de profecía, dijo: 'Advierte, / que sobre su melodía / puede girar la canción, / la mariposa y la muerte' ".

De aquellos catorce tangos sólo uno tuvo algún éxito (*Bailáte un tango, Ricardo*, de Ulyses Petit de Murat y Juan D'Arienzo). Borges sólo acertó a repetirse en una milonga de sabor y saber bien sabidos y el tono tanguero no aparecía sino en *¿En qué esquina te encuentro, Buenos Aires?*, de Florencio Escardó y Héctor Stamponi. La explicación del desencuentro, al parecer irremediable, que separa y enemista a las musas con las milonguitas se debe, creo, a que la letra del tango constituye un género literario específico, a medio camino entre la poesía y la prosa, entre la novela y la lírica, entre el conventillo y la academia, entre la lira y el bandoneón, entre el coturno y la alpargata. Por lo pronto, está a la vista de quien quiera verlo que la preceptiva literaria es olímpicamente ignorada por los tanguistas, inclusive por aquellos que, como Celedonio Flores, eran maestros en el dominio de la métrica. Los versos de una letra de tango son un revoltillo de ritmos y de cadencias, y también de algún trozo de prosa cortado en forma de tallarines; las rimas asonantes alternan desfachatadamente con las consonantes, la sintaxis se permite licencias que los preceptistas nunca condonarían.

¿Todo eso está mal o está bien? No se trata de cómo podría ser, sino de cómo es. Uno de los tangos más hermosos y más difundidos de Discépolo rima asonantadamente "esperanza" con "ansias" y aconsonantadamente "lucha" y "mucha", "entrega" y "llega". Nada de esto dice que la letra de *Uno* no sea muy hermosa, por muy desaliñada que se vea. Belleza y aliño no son sinónimos.

La anarquía formal no impide que florezcan algunas figuras envidiadas por los poetas más pintados. Bien pintado poeta fue Nicolás

Olivari, el autor de "La musa de la mala pata". Compuso un tango, *La violeta,* que es una excepción, porque a su belleza formal –a su aliño retórico– suma una sutilísima emoción suburbana. Pero allí pareció agotarse la inspiración tanguera del ilustre vate. A un poeta le resultaría demasiado obvia una metáfora como la que en *Y volvamos a empezar* habla de "los jueces de mármol" y, sin embargo, en su contexto, tiene una gran fuerza. En *Se tiran conmigo,* lindísimo tango del Paya Díaz, se habla de la piba del kiosko, que, "de sotamanga, al pasar", socorría con un atado de cigarrillos al vecino en la mala. Ese lunfardismo pequero, que jamás podría habérsele ocurrido a ninguno de los catorce convocados por Ben, tiene connotaciones tan apropiadas al contexto que parecería haber sido elegido al fin de un plenario de las nueve musas presididas por Apolo. Francisco Alfredo Marino no era un poeta, sino un guitarrero y un cantor. A él se debe, empero, el más bello verso de tango, perdido en un contexto no indecoroso –el de *El ciruja*–, pero, de todos modos, inferior a otras piezas estrenadas el mismo año –1926–, como *Caminito, Viejo ciego* y *Qué vachaché:* "campaneando un cacho'e sol en la vedera".

La letrística del tango está poblada de trouvailles de ese linaje: "La vida te ríe y canta", "hoy vas a entrar en mi pasado"[1], "¿quién se robó mi niñez?", "tal vez nos enteramos mal", "la ñata contra el vidrio", "veinte años no es nada", "la vida es una herida absurda", "el amor escondido en un portón". Una antología de esas trouvailles es indispensable como punto de partida para elaborar una preceptiva de la letra del tango. Si es que acaso la insurgencia puede ser sometida a preceptos sin mengua de su impulso creador.

---

[1]   Verso tomado de "Toi et moi" de Paul Geraldy, como el canto XXXII de *La Vuelta del gaucho Martín Fierro*, de José Hernández, está tomado de Rosalie du Pouget.

LOS VALORES MORALES

Aunque ética y moral pueden ser tenidas por una misma cosa (como el griego *eticós* "moral, relativo al carácter" y el latino *mos-moris* "costumbre") y aunque en la práctica significan lo mismo –la disciplina que estudia las acciones humanas de acuerdo con su bondad o su malicia–, no es ilícito preferir que el objeto de la ética sea un sistema de principios destinados a regir las costumbres, y la moral, el conjunto de las acciones que la ética se propone regir. Siendo los nombres equivalentes, a cada uno puede caberle la definición del otro. Toda precisión de conceptos sobre el tema ofrece, por ello, muchas dificultades y, para resolverlas, se ha formado la etología, disciplina que se ocupa de los caracteres y que trata de investigar cómo se han realizado las normas morales a través de la historia. Si esto es así, más que de la ética del tango debería hablarse de la etología, cuando lo que se quiere es determinar cómo se expresan en la canción porteña normas de la moral apriórica; es decir, de los principios morales comúnmente aceptados.

Estos principios, según enseña la iglesia católica, están impresos en lo más íntimo del hombre –como si dijéramos en sus cromosomas, en sus genes– lo cual no significa que las costumbres del hombre se ajusten espontánea y naturalmente a ellos. Una conducta que no los contraríe requiere un gran esfuerzo, toda la fuerza de la virtud. Rubén Darío escribió que el hombre tiene mala levadura. Para los católicos, esa mala levadura se la puso el pecado original. Otros sostienen que la virtud, al contrariar al instinto, se opone a la naturaleza del hombre y que a ésta se debe retornar. La igualdad de los seres humanos –tardíamente reconocida, puesto que la esclavitud era bien vista todavía hace menos de un siglo– vendría a ser, como la admisión de la misma divinidad, un producto de la cultura, es decir, del cultivo de la mente del hombre por medio de la virtud. El carácter sagrado de la vida humana –los hombres son sagrados para los hombres y los pueblos, para los pueblos, dijo hermosamente Hipólito Yrigoyen– también es basura cultural. Los punks dicen "religión es basura", en respuesta al eslogan "droga es basura". La revolución surrealista, que llamaba a la poesía tradicional "respiración gimnástica" y oponía el automatismo a la racionalidad y la deformidad a la armonía, puede reconocerse en las raíces de algunos lotes sociales que no sólo niegan lo tradicional y comúnmente tenido por bello sino también lo tenido por bueno. Las revoluciones, antes de ser políticas, son estéticas, y antes de ser estéticas, son éticas.

Hablar de moral, o de ética, o de las dos cosas, es hablar de valores. Esta palabra también es dura de pelar, ardua de desentrañar. Unamuno dijo que no se desentrañan las cosas si antes no se desentrañan sus nombres. El nombre valor tiene un sentido filosófico que ha suscitado una frondosísima bibliografía. La definición académica no aclara mucho: cualidad que poseen algunas realidades, llamadas bienes, por la cual son estimables. Esto cuadra, naturalmente, a los valores éticos. Cuando comúnmente hablamos de nuestra escala personal de valores, nos referimos a las realidades que apreciamos, que estimamos, que tenemos en más. Por supuesto, hay realidades que unos tienen en más y otros tienen en menos. De modo análogo, hay épocas en que la mayoría de la gente prefiere lo que en otras era tenido en poco o nada. Ya fue dicho que en un tiempo la igualdad de los hombres no era un valor: no sólo había esclavos, sino que también había castas. Ahora, aunque en algunos países –como el Sudán– aún hay esclavos, la esclavitud es mal vista; y aunque tácitamente hay diferencias sociales que se parecen a las castas –entre nosotros, hace un siglo los "chinos"; ahora, los "cabecitas negras"–, un paria puede llegar a ser presidente de la India. En occidente, la monogamia fue tenida durante siglos por un valor y la poligamia, por un desvalor; es decir, una realidad no estimable, sino desechable. Los mormones trataron de volver a la poligamia y los no mormones, mediante artilugios jurídicos que destruyen el vínculo conyugal (el yugo recíproco), han consagrado, como un gran avance de la civilización, la poligamia sucesiva. Hasta hace dos o tres décadas, la familia era un valor en la

Argentina; ahora, en cambio, las niñas mejor pintadas se "juntan", como otrora hacían sólo las muchachas marginales. Tampoco hace tanto que las diferencias de los sexos eran tenidas como valor. Cuando niños nos repugnaban los chicos mujerengos y las chicas varonengas. Ahora el sexo ha sido abolido, inclusive en su carácter de "pequeña diferencia", que dice el chiste, y es apenas un ingrediente del cóctel heterogéneo llamado género.

Al abocetar la etología del tango, no abrimos juicio acerca del origen de los valores, sobre si están impresos en la conciencia del hombre o son un producto de la cultura; sobre si el hombre no se ha higienizado siempre en el mismo río moral, porque ese río fluye continuamente como el Danubio y el Carcarañá; sobre si los valores obsolescen y caducan o permanecerán firmemente grabados en la conciencia del hombre aun cuando hayan desaparecido del mundo visible. Simplemente recordaremos algunos de esos valores, expuestos en las letras de los tangos, aunque no pertenezcan a la escala de valores de los tangueros de hoy, ni siquiera a la de todos los tangueros de ayer.

Alguna vez se ensayó una mención más o menos ordenada de los valores. El amor materno es, sin duda, el primero de ellos; y aunque un payador ácrata, Martín Castro, en sus famosos versos de *El huérfano,* que cantaba Antonio Tormo, admite la existencia de madres sin corazón, el tango proclama que *Madre hay una sola,* que ella es "la única amiga" (*Perdón, viejita*), que es "un tesoro, un tesoro que, al perderlo, otro igual no has de encontrar" (*Consejo de oro*). Consecuentemente, "no hay cariño más sublime ni más santo" que el cariño filial (*Madre*) y, en ejercicio de ese cariño, que es una dulce obligación, se puede llegar a matar si alguien escupe sobre las canas maternales "el concepto bajo y cruel"; entonces, ay, "de hombre a hombre, sin ventaja, por el cariño cegado, por mi cariño de hijo, por mi cariño sagrado, sin pensar, loco de rabia, como a un hombre lo maté" (*Sentencia*).

El tango confiesa –y, al confesarlo, implícitamente lo exalta– el amor-pasión de los protagonistas, esa fatalidad de los sentimientos, ese fatum contra el que "nadie la talla". Ningún tanguista ha de haberlo expresado mejor que Discépolo en *Martirio:* el horror de que seas vos, solamente, sólo vos, nadie en la vida más que vos, lo que deseo".

Perdido el objeto de la pasión amorosa, fluyen ríos de llanto por los versos del tango. Sin la mujer amada, la vida carece de sentido: "Me pregunto acongojado qué he de hacer ya con mi vida, qué he de hacer si estoy vencido por el mal que me has dejado". Puede acontecer que, ya desde los días de *La copa del olvido*, el amante traicionado –a veces no hay traición; por lo general, sólo es desdén, pero los letristas todo lo exageran e hiperbolizan– piensa en matar. Y hasta mata, como en *Noche de Reyes*, como en *A la luz del candil*. Amores trágicos, celos asesinos, los hay en la literatura desde que ésta fue inventada. En cada amante hay un Otelo en potencia; en el tango pululan los Otelos en acción.

En las tragedias tangueras suele mediar la traición del amigo: "comprobé que me engañaba con el amigo más fiel", dice el impulsivo de *Noche de Reyes,* y el gaucho Alberto Arenas, el de *A la luz del candil,* descubre enfurecido que su amigo era un sotreta. El tango exalta la amistad en páginas muy lindas, como *Tres amigos* y *Amigos que yo quiero*. El amigo es el destinatario natural de toda queja y todo desconsuelo. Cuando ella se va, cuando ella arregla su bagayito y lo deja amurado (*Amurado*), es como si muriera todo lo que existe (*El vino triste*) y el amigo –un poco confesor, un poco psicoanalista, un poco madre– presta su hombro y sus orejas: "Pero estas miserias que tengo en el alma para desahogarme las debo contar, y a quién sino a ustedes, que son mis amigos, que nunca en la vida me han visto aflojar" (*Amigos*). Sin embargo, la amistad es en el tango un sentimiento que no logra superar la tensión entre la confianza y la desconfianza. Por eso se puede llegar a pensar que el amigo sólo es amigo siempre y cuando le convenga (*Las cuarenta*) y que el mejor de todos, cuando pueda, lo va a vender (*Consejo de oro*). En todo caso, los amigos se cotizan en la mala y en la buena (*Preparáte pa'l domingo*); la mala es la prueba de fuego, la piedra de toque, la ordalía suprema de la amistad.

La fidelidad es un sentimiento que ha hecho feliz a la mujer del tango, desde *La Morocha* hasta la de *Arrabalero*; un sentimiento más fuerte que la atracción del lujo, que la fascinación de las luces malas del centro. Por eso, la protagonista de *Sonsa* –una página encantadora de Emilio Fresedo– puede dejar el "chalet y el bull-dog y el auto regio todo de un color" para seguir al hombre que ella quiere. *Sonsa* es también un canto a la vida sencilla, que constituye otro de los valores morales del tango. Cuando canta al barrio, el tango canta a la pobreza; no ciertamente a la miseria ni a la carencia. "No se carece de lo que no se desea", escribió Cicerón. Los habitantes de *Barrio pobre* –pobre, cual las ropas de su gente– no son carecientes (o carenciados, como también se dice). "A mí dejame en mi barrio de casitas desparejas, aquí amé y aquí he vivido y aquí me habré de morir". Hay razones metafísicas para ser barriotero. Eladia Blázquez, en esa línea genuina de sentimiento, exalta también la vida sencilla, y no lo hace para rimar con gramilla. "No abandones tu costura muchachita arrabalera, a la luz de la modesta lamparita a kerosén", exhortaba Azucena Maizani. San Jerónimo le habría contestado: "La barriga llena fácilmente diserta sobre el ayuno". Azucena abandonó la costura; fue famosa y querida, rica e idolatrada, pero, lo mismo que Borges, debió acusarse de no haber sido feliz.

Por fin, allí están el trabajo y la honradez. *Haragán,* el tango de Romero y Delfino, es un canto al trabajo más elocuente que la escultura rodiniana de Rogelio Yrurtia. El trabajo y la honradez son, como la madre, tesoros que sólo se aprecian al perderlos. Lo saben los protagonistas de dos tangos ya mencionados: *Noche de Reyes* y *A la luz del candil.*

Sin embargo, el valor moral que ennoblece al tango, que lo cristianiza, es la misericordia, la compasión, el padecer con alguien: Gardel grabó un tango muy sentido, letra y música de su guitarrista Barbieri, *Pordioseros:* "Me rebelo ante el destino cruel que miserias y dolores da y, apenado, me pregunto dónde está la caridad". Caridad, compasión, misericordia, son todos nombres del amor, que está en el corazón, en lo más íntimo, en el carozo, como quien dice, del cristianismo. Ese sentimiento es completamente ajeno a la tanguística (¿tanguística o pre-tanguística?) villoldeana. Aparece con Contursi; mas no en la autocompasión de *Matasano,* de *Mi noche triste* y de *Ivette,* sino en los versos que con el título de *Pobre paica* escribió para *El motivo.* Desde el punto de vista de los valores morales, esos versos tal vez sean los más importantes de toda la cancionística tanguera.

LOS PIONEROS DEL CANTO

M e permito vincular dos fechas que nunca he visto vinculadas: 12 de mayo de 1922 y 27 de julio de 1923. Corresponde la primera al triunfo de Ignacio Corsini como cantor de tangos [*], y la segunda, a la presentación victoriosa de Azucena Maizani como cancionista profesional, el mismo año en que Rosita Quiroga, ocho años mayor, pasaba de la canción criolla al tango grabando *La tipa*. Ignacio Corsini, que había nacido en Catania (Italia meridional) en 1891, hacía diez años que cantaba para las plateas y los fonógrafos. En 1913 grabó su primer disco para la Víctor; el mismo año en que Gardel lo hizo para Columbia. Luego fue galán cantor de la escena criolla, que vivía una época florida (para entonces Florencio Sánchez había dado al teatro rioplatense una dimensión admirable). En su carácter de galán intervino, el día indicado, en el estreno del sainete "El bailarín de cabaret", de Manuel Romero, que la compañía de César Ratti ofreció en el teatro Apolo. A partir del éxito de Manolita Poli, en las representaciones de los sainetes menudearon los tangos. Para el que presentaba Ratti, Romero escribió los versos de *Patotero sentimental,* al que Manuel Jovés aplicó una música lánguida que tiraba más a española que a canyengue. Corsini, que ya era un actor querido y admirado, conmovió a la platea. El que no se conmovió fue José Antonio Saldías; por el contrario, señaló la voz nasal y el acento itálico del cantor, quien "vestía el smocking como un mozo de café consciente de sus deberes". Pero, con resentimiento o sin él, Saldías debió agregar: "Al público parecía agradarle aquel sollozo y pidió al cantor que repitiera la quejumbrosa canción". Corsini no cantó entonces acompañándose con sus guitarras, sino con una orquesta, dirigida por el italiano Félix Scolati Almeyda. En la reposición de la obra lo acompañaría la orquesta de Antonio Scatasso y en la grabación, la de Roberto Firpo.

Don Ignacio hizo una brillante carrera de "cantor nacional". Para muchos era algo así como el rival de Gardel. De hecho, lo seguía de cerca en el escalafón de la popularidad. El mismo Gardel lo admiraba y respetaba. Es lindo poder recordar que Gardel no cultivaba la envidia. La amistad entrañable que profesó a Corsini y a Azucena Maizani, cuando le disputaban cabeza a cabeza la carrera del éxito, lo demuestra. Creo que el paso del tiempo ha operado como piedra de toque para establecer los méritos de estos tres grandes: Gardel "cada día canta mejor" (y a medida que la tecnología permita rescatar su verdadera voz, irá mejorando aún más). Ni de don Ignacio ni de la Ñata Gaucha puede decirse lo mismo.

Azucena Maizani se presentó, la ya mencionada noche de 1923, cantando *Padre Nuestro* en el sainete "A mí no me hablen de penas", ofrecido en el teatro Nacional. No lo cantó en una escena de cabaret, sino en la ficción de una fiesta privada. Encarnaba "la mujer sola" y no tenía letra. Era una jovencita (había nacido en 1902), una milonguerita del Pigall, que acompañándose con guitarras, cultivaba un poco en familia el repertorio gardeliano; entre discípula y amiga de Delia Rodríguez, una cancionista criolla, aunque italiana de nacimiento, entonces famosa y ahora tan olvidada que ni los tangólogos la recuerdan. Enrique Delfino la lanzó al tango porque creyó ver en ella una versión made in Argentina de Raquel Meller, "el alma que canta", la cupletista catalana de "La violetera" y "El relicario", famosa en dos continentes. No se equivocó Delfino. También a la Maizani, como a Corsini, el público le hizo repetir su tango, y de allí en más llovieron fama y dinero, y también galanes aprovechados que la esquilmaban sin misericordia.

En su debut, Azucena cantó con orquesta. Gardel, ya se sabe, no se dejó deslumbrar y siguió fiel a sus "escoberos". Algo grabó más tarde con Canaro y en Nueva York afrontó airosamente el riesgo de cantar con una orquesta de 36 músicos que más que acompañarlo parecían desorientarlo. La Maizani también tuvo pequeños conjuntos típicos –violines, bandoneones, el piano– para acompañarse. Corsini, en cambio, siguió el ejemplo de Gardel y armó su propio cuarteto de guitarras, donde descollaba el negro Enrique Maciel, el que escribía la música de las bellas canciones federales compuestas por Héctor Pedro Blomberg y a las que Corsini puso una impronta tan personal que el mismo Gardel se inclinó reverencial ante ella –y supongo también muy feliz, porque los éxitos de "El Tano" le daban felicidad–.

Esta gente –don Carlos, don Ignacio, la Ñata– debió inventar la manera de cantar el tango, un género que hasta entonces sólo cantaban los actores, por compromisos escénicos, y las cupletistas, para alternar con españoladas. Ellos fueron los tres primeros cantores de tango profesionales. Rosita Quiroga fue su contemporánea y también se puso a cantar tangos más o menos para esa época. Pero Rosita, cantara estilos o tangos, siempre era Rosita, una impagable diseuse de conventillo que decía cantando, y muy afinadamente, al revés de otros profesionales que cantan diciendo, sobre todo cuando el tono los lleva muy arriba o muy abajo.

(*) Antes de esa fecha había grabado, sin embargo, *Amurado me dejaste* (1920), *Cap. Polonio* (1922) y otros.

UN FENÓMENO MUSICAL

"En aquel entonces el tango era las cuatro notas lloronas, pero había que llorarlas", recordaba Enrique Delfino, hablando de los años finales de la segunda década, cuando Maglio tocaba en el café Domínguez, de la calle Corrientes, frente al teatro Nuevo (ahora Municipal General San Martín); Firpo, en el bar Iglesias, que estaba al lado; Berto, en el Central de la Avenida de Mayo, y Arolas, el Tigre del Bandoneón, en el cabaret Tabarín. "Nos peleábamos entre nosotros –decía Delfino–, para conseguir cada uno el manuscrito del otro, los pequeños apuntes que acababan de componer Arolas, Canaro, Greco o yo. Esas líneas, anotadas a la disparada, ese esbozo inicial tenía un valor significativo para la muchachada". Esa era la guardia vieja, la guardia de los músicos que creaban sin saber música y de los conjuntos que tocaban a la parrilla, es decir, sobre la particella del piano o simplemente de memoria. El tango canción no había encontrado todavía su voz ni su acento (Carlos Gardel los andaba buscando; Azucena Maizani, que reemplazó el gorjeo por el énfasis, y Rosita Quiroga, que más que cantar, decía, y más que decir, chamullaba, no habían irrumpido aún victoriosamente). El baile, bañado en el Jordán de París, había lavado sus costras habidas en la academia y el peringundín y se alisaba en los salones del barrio norte hasta convertirse casi en una caminata rítmica. Y la música se asomaba resueltamente a la concertación instrumental.

Cantar, bailar, tañer son formas expresivas que, a veces, por menesterosas, opacan la creación, y otras, por opulentas, la desvirtúan. La creación del tango fue vanguardista –*Alma de bohemio, Belgique, Gallo ciego, El Marne, Ojos negros*– cuando la interpretación era aún tradicionalista o simplemente rezagada. Creo que, en lo que a la interpretación concierne, la vanguardia se da con Bianquet/Madero (baile), Gardel (canto), Fresedo (música).

Bianquet, el Cachafaz, estiliza hasta donde es posible fuera de los salones, el viejo canyengue, el carancanfunfa de las academias, y Vicente Madero lo aristocratiza hasta donde es posible hacerlo sin desvirtuarlo. Gardel, que ama por igual a los grandes cantantes líricos y a los modestos cantores tradicionalistas, hace la síntesis de los unos y los otros, y Fresedo, que es un virtuoso, o al menos tenido por tal, que con el violín fundador de David Rocatagliata y el piano de Delfino integrará en Candem la orquesta Select, comienza a pensar el tango en función de los oídos y no sólo en función de los pies.

Luis Adolfo Sierra, el gran tangólogo, el historiador de la orquesta típica, anotó textualmente que "en el primer conjunto que formara Osvaldo Fresedo, en 1918, con Julio De Caro, José María Rizzuti, Rafael Rinaldi y Hugo Baralis (p), para actuar en el Casino Pigall, se advertía ya la calidad musical y el equilibrio sonoro de su orquesta". Y agregó: "Introdujo Fresedo efectos tan interesantes como los 'stacattos' pianísimos y los 'crescendos' ligados, en una constante gama de matices de muy variado colorido. Concedió también mayores motivos de lucimiento a los instrumentistas, incorporando los solos de piano de ocho compases y permitiendo a los contracantos de violín (impropiamente denominados 'armonías') una mayor autonomía de expresión, a la vez que renovaba sus muy personales fraseos de bandoneón con la mano izquierda; todo dentro de un concepto orquestal de perfecto ajuste, sobriedad ornamental y refinado buen gusto". Si esto fue así –y no hay motivo alguno para dudar de que lo haya sido–, la guardia vieja terminó en 1918. Y quizá también podría afirmarse que el decarismo comenzó realmente con Fresedo.

En 1922 se incorporó en el sexteto de Fresedo el pianista Juan Carlos Cobián, que ya era autor de páginas tan delicadas, tan por completo descanyenguizadas como *Almita herida* y *Mujer*. Había tocado, reemplazando a Roberto Firpo, en el quinteto del Tano Genaro (Spósito), pero tenía una inusitada formación musical. De chiquilín había estudiado en el conservatorio Williams de Bahía Blanca con el maestro (casi tan chiquilín como él mismo, a la sazón) Numa Rossotti, quien, a su vez, estudiaría luego en París con Vincent D'Indy. Como Fresedo, tenía Cobián una idea musical del tango, y en 1923 la expresó a través de una orquesta que asignaba el el segundo violín a Julio De Caro (el primero, a Agesilao Ferrazzano) y los bandoneones, a Pedro Maffia y Luis Petrucelli, que serían luego el sostén del perdurable sexteto formado por el nombrado De Caro. Pianista al fin, Juan Carlos Cobián confió al piano una función que en la jerga podía llamarse cadenera, es decir, conductora. Hizo lo suyo en la musicalización del tango –perdónese la expresión; quiero decir, en la faena de convertir el tango en un fenómeno musical y no simplemente coreográfico– y, si no hizo más, ello podría haberse debido a su carácter inconstante y a sus hábitos de bon viveur. Si hubiera tenido la tenacidad y el empuje de Julio De Caro, tal vez no se estaría hablando ahora de decarismo.

DECARÍSIMO

Julio De Caro (1899-1980) nació, como quien dice, en un conservatorio musical, el de su padre, José De Caro, que quería sacarlo concertista. A Julio le tiraba la milonga y, como la protagonista de un tango cualquiera, se fue de su casa en pos de su ideal. Pero lo que se hereda no se roba y Julio, heredero de un gran amor a la música grande, a la música de escuela, aplicó al tango lo aprendido silabeando a los clásicos. Algo de eso habían hecho Cobián, hombre de firmes conocimientos técnicos, y Fresedo, más intuitivo, sin duda, pero la intuición es una forma del conocimiento. A eso suele llamársele el decarismo, denominación que surgió por los años de 1950, cuando comenzó a acuñarse también la expresión guardia nueva. Fueron los jóvenes de cultura superior a la media y un si es no es intelectualizados los que redescubrieron a Julio De Caro. Piazzolla escribió por entonces, después del desenlace de sus estudios con la Boulanger, el tango *Decarísimo* (1961). Fue como una canonización.

En sus memorias contó De Caro que cuando se desempeñaba en la orquesta de Cobián (a la zaga de otros violinistas de primerísima línea, Agesilao Ferrazzano y los hermanos Remo y Astor Bolognini), agregó un día un contracanto a cierta melodía, y todos lo celebraron con entusiasmo, inclusive el director. Podría decirse, un poco metafóricamente, que con aquel contracanto comenzaron a la vez el decarismo y la guardia nueva. Es ésta una forma de leer la historia; no la única, ni tampoco, sin duda, la más inteligente, pero es la mía.

Luis Adolfo Sierra, a quien yo llamo el fundador de la tangología, reservando a Juan Carlos Lamadrid el papel de precursor, fue amigo de De Caro, cuyo sexteto escuchaba con voluptuosidad reverente. Nadie supo acerca de De Caro tanto como Sierra; ni siquiera el mismo De Caro. Y bien, Sierra enseñó que los elementos audibles de la que llamó escuela de Julio De Caro son los siguientes: "El acompañamiento armonizado del piano, los fraseos y variaciones de los bandoneones, los contracantos del violín tejiendo armonías de agradable contraste con el tema central, y los solos de piano y bandoneones expresados con una riqueza armónica y sonora hasta entonces desconocida". Y que esos elementos "significaron algunos de los aportes más valiosos que aquellos verdaderos innovadores introdujeron en la ejecución del tango, agregándose a ello un juego rítmico en el que se percibían las marcaciones dispares como atrayente fondo, en tanto cantaban, en primer plano, los violines y los bandoneones". Con otro lenguaje, La Prensa, el 22 de julio de 1928 señalaba que De Caro introducía elementos propios del jazz, tales como golpes de batería o solos cromáticos y solos sincopados de piano.

Todo lo cual no sería mucha cosa si con ello no hubiera comenzado la concertación instrumental, o arreglo, que abrió a las humildes y encantadoras melodías brotadas de la inspiración de algunos chiquilines casi geniales –Greco, Arolas, Firpo, Bardi, Delfino– un camino esplendoroso. Fresedo y Cobián ya habían percibido que el tango, sin dejar de ser ritmo para los pies, podía (y debía) ser también música para los oídos. No sé si De Caro vio eso con mayor claridad, pero teorizó ese hallazgo y lo llevó hasta sus últimas consecuencias, aunque quizá su coraje musical haya sido mayor que su talento. Ha de acreditársele, sin embargo, que jamás sacrificó la bailabilidad. Algunos iban a escuchar a De Caro, es cierto, pero muchos iban a bailar con De Caro. De la buena relación que estableció entre los pies y los oídos de su público, y que es uno de sus méritos, aprendieron Pugliese, Troilo y otros. No así Francisco Canaro, que en tanto Julio De Caro se lanzaba a un sinfonismo que ahora nos parece descabellado, seguía cultivando su tango naïf, sobre cuya genuinidad no seré yo quien arroje dudas ni sombras.

En el éxito –no multitudinario, pero estimable y póstumamente resonante– de Julio De Caro tuvieron inmensamente que ver el piano tañido por su hermano mayor, Francisco, con un buen gusto inmarcesible, y la destreza de los bandoneones de Pedro Maffia y Pedro Laurenz. En cuanto a su violín, al que había adosado una corneta, y

que tañía con aplomo, escuchado a la distancia, en las viejas grabaciones, se parece más al maullido de un gato que al instrumento de
Fritz Kreisler, aunque éste, mezclando la cortesía con el entusiasmo,
lo exhortara con palabras lisonjeras: Toca, toca, quiero escuchar. Y
nada que ver tampoco con el sonido limpidísimo logrado por su
colega y casi contemporáneo Elvino Vardaro (1905-1971).

De Caro también –como Pizarro, como Bianco, como Canaro,
como Fresedo– llevó su tango a Europa; comprendió, tal vez como
nadie, que en materia de música popular la mitad es creación y la
otra mitad es interpretación; no le temió a la música grande, en la
que trató de apoyar su tango –Rosenberg, Perceval mediantes–
como en un rodrigón, y dejó sentado para siempre que no basta
con saber llorar las cuatro notas nostálgicamente evocadas por
Enrique Delfino, sino que hay que sacar permanentemente nuevas
notas, como la de la galera de un mago, y engarzarlas en las viejas
melodías queridas y en las nuevas armonizaciones propicias a la
controversia.

EL SINFONISMO

El tango experimental o progresivo no fue iniciativa de la llamada vanguardia ni de lo que en el Uruguay dio en denominarse la guardia nueva. Fue un producto de la guardia de 1930 y sus pioneros, créase o no, resultaron ser Francisco Canaro (y su pianista concertador Luis Riccardi) y Roberto Firpo. Ellos, después de que Cobián y Delfino habían renovado la creación, con la mira puesta en la romanza y no en el concierto, ensayaron un sinfonismo que, si el adjetivo no se interpreta peyorativamente, llamaré candoroso. Canaro recuerda en sus memorias, no sin orgullo, que su tango fantasía *Halcón negro*, estrenado en la comedia musical "La muchachada del centro" (1932), a pesar de que la ejecución duraba seis minutos y medio, tuvo que ser bisado, a pedido del público. Pirincho lo grabó el 25 de junio de 1932. No se trataba de un tango para cantar, ni para bailar, sino para escuchar; un tango que aspiraba a ser música exenta, música monda y lironda. Corresponde preguntarse si acaso no fue Francisco Canaro el pionero que, por primera vez, antes que Piazzolla, sacrificó la bailabilidad al sonido.

Sobre las huellas de Canaro, en su comedia musical "Hoy te llaman Milonguita", Roberto Firpo compuso y ejecutó otro tango sinfónico, *Cabaret de cristal*, grabado el 15 de septiembre de 1932. *Halcón negro*, en realidad fue una reincidencia, porque Pirincho, en 1928, ya había compuesto y grabado *Pájaro azul,* saludado con estas palabras por Juan de Dios Filiberto: "Es un nuevo camino para el tango. Con esta página, Francisco Canaro inicia una nueva forma en la que otorga al tango la categoría que quieren negarle". Acotemos que *Pájaro azul* y, al dorso, el vals *Corazón de oro,* ocuparon el primer disco de 30 centímetros editado por el sello Nacional. Canaro, sin embargo, no fue más adelante.

Quien se lanzó casi desbocadamente al sinfonismo fue, ya se sabe, Julio De Caro. El domingo 22 de noviembre de 1936, dirigiendo la orquesta sinfónica de Radio El Mundo, ofreció su espectáculo titulado "La evolución del tango (1870-1936)". Redondeaba así un proyecto que había comenzado a poner en ejecución en 1932, cuando, al frente de una orquesta sinfónica organizada por Radio Splendid, dio una serie de conciertos en el teatro Broadway. Julio Perceval, músico y organista belga, radicado en la Argentina, le orquestó entonces las páginas más delicadas del clan De Caro: *Flores negras, Copacabana, Un poema, Ideal.*

El contagio sinfonista alcanzó también a Francisco J. Lomuto, cuya orquesta sinfónica (?) dejó algunas grabaciones de muy buen gusto –la de *Lonjazos,* con el cantor Fernando Díaz, por ejemplo–. En las orquestaciones anduvo la mano sabia de Martín Darré.

El sinfonismo tanguero, sin embargo, no prosperó, por lo menos hasta que Mariano Mores supo procurarse grandes o importantes orquestas y, con instrumentaciones de Darré, produjo versiones espectaculares de viejos tangos y otras muy gratas de sus propias creaciones. Pero eso no ocurriría hasta la década de 1950.

Por esos años –concretamente en 1956–, Argentino Galván decía a propósito del tango sinfónico: "No existe. Tendrían que escribirse sinfonías con esencia de tango para que se pudiera hablar de tango sinfónico. Pero no 'sinfonías', dentro de la acepción técnica del concepto. Lo que se entiende vulgarmente por tango sinfónico, y casi siempre con intención despectiva de calificar así ciertos intentos de superación, no es tango sinfónico. Es una impropiedad que cae en el disparate".

Tal vez la guardia del 30 haya sido el siglo de oro de las típicas. Había muchísimas y todas tenían trabajo y para todas había ejecutantes muy capaces. A las más famosas, que eran las de Roberto Firpo, Francisco Canaro, Osvaldo Fresedo, Francisco Lomuto, Edgardo Donato, Julio De Caro, Roberto Zerrillo, pueden agregarse los siguientes nombres, tomados más bien al azar de los recuerdos: Luis D'Abbraccio, José Servidio, Donato-Zerrillo, Julio Pollero, Gilabert-Silvestri, Oscar Ventura, Juan Polito, Carlos Marcucci,

Pedro Maffia, Vardaro-Pugliese, Juan Larenza, Rafael Rossi y muchos más.

No sería justo omitir a la Orquesta Típica Víctor formada por la Casa Víctor para grabar con su propio sello. Su primera grabación fue la de *Olvido,* tango de Ángel D'Agostino (9 de noviembre de 1925), y la última, la de *Sobre las olas,* el vals de Rosas (9 de noviembre de 1944). Entre una y otra hubo 443. La Orquesta Típica Víctor, que hacía un tango sencillo, sin adornos, cuidadoso de su genuinidad, fue formada y dirigida por un músico de buenos antecedentes: Adolfo C. Carabelli. Muchos músicos de prestigio tañeron en ella sus instrumentos; no pocos cantores que fueron luego famosos les prestaron su voz.

El saldo de la guardia del treinta, que concluye con la muerte de Gardel y la irrupción victoriosa de Juan D'Arienzo, perfiló el avatar musical del tango que había logrado ya manifestarse en plenitud como danza (El Cachafaz) y como canto (Gardel).

EL TANGUEAMIENTO

El diccionario de la Real Academia Española –el código oficial de nuestra lengua– no recoge el argentinismo *tanguear*. Lo trae, sí, Diego Abad de Santillán, en su *Diccionario de argentinismos de ayer y hoy* (1976): "*Tanguear*. v.t. Bailar tangos. Te vi pasar tangueando altanera/ con un compás tan hondo y sensual ...Enrique Santos Discépolo, *Malevaje*, tango". La definición resulta incompleta y la cita pudo ser antecedida por otra bastante más antigua, "llevóme un día con él para tanguear", correspondiente a *Maldito tango*, una composición de Luis Roldán y Osmán Pérez Freire, difundida por los años 1915 ó 1916 y gorjeada por algunas cupletistas, entre ellas Luisa Vila –la misma que, con Evita Franco, popularizó el tango *Loca*–. *Tanguear* significa, en efecto, "bailar el tango" o, como dice el citado diccionarista, "bailar tangos". Francisco Canaro, sin embargo, le asignó otra significación, cuando el joven maestro Sebastián Piana le llevó, en 1933, su *Milonga sentimental*, para que la grabara con su orquesta. "Esto es una milonga tangueada", le dijo, al advertir que constaba de dos partes, según los tangos en boga, y no de una solamente, como ocurría con las milongas. Canaro grabó la *Milonga sentimental* –universalizada, hace un par de años, por Julio Iglesias– el 9 de febrero de 1933. Días más tarde, el 23 del mismo mes, grabaría, como milonga tangueada, *Naipe marcado*, una felicísima composición del menor de los hermanos Greco, el payador Ángel Greco. Por su parte, Gardel grabó la pieza de Piana el 23 de enero de aquel año y la de Greco, el 13 de mayo.

La *Milonga sentimental* no es la primera escrita por Piana, aunque sí la primera en difundirse. A pedido de Homero Manzi, quien respondía a una inquietud de Rosita Quiroga, compuso la *Milonga del 900*, pero no se la entregó a Manzi, sino a José González Castillo, el letrista de *Sobre el pucho* y *Silbando*. González Castillo amuró –como quien dice– la partitura en un cajón y la olvidó. En tanto, Manzi reclamaba la música prometida y Piana, rápidamente, compuso la *Milonga sentimental*, que sería cantada primeramente en una revista escénica; luego por Rosita Montemar, adorable cancionista de la orquesta de Pedro Maffia, sobre instrumentación del musicólogo Juan Francisco Giacobbe, y finalmente por Mercedes Simone, a quien Fernán Silva Valdés susurró en Montevideo: "Dígale al que compuso esa milonga que él es la milonga misma".

¿Realmente la segunda parte llevó a Canaro a hablar de milonga tangueada o hubo otras razones? Hace años comuniqué a la Academia Porteña del Lunfardo que, en un viejo disco, había encontrado, cantada por su autor, Alfredo Gobbi, una milonga en dos partes titulada *El Lunfardo*. La letra es una especie de apología del choreo y la música, tan trillada y pobretona como las que constituían el grueso del repertorio de aquel legendario artista del varieté porteño y, luego, también del español. Pero como quiera que fuese, tenía dos partes y Gobbi no la llamó milonga tangueada, sino simplemente milonga. Giacobbe, quien dijo de la aparición de la *Milonga sentimental* que "marca una fecha en el calendario fijo de la mélica bonaerense", no habló de milonga tangueada, sino de una "resurrección" de la "milonga porteña", que él distinguía de la "milonga criolla". La segunda correspondería a aquella con la que los payadores acompañaban su canto, cuando fue abandonada la cifra, y la primera, a aquella otra, ya inficionada –digámoslo así– por el tango en formación, que cultivaban los payadores puebleros, llamados milongueros. A esta segunda especie podría corresponder la página de Gobbi que la casualidad –madre de la mayoría de los descubrimientos, comenzando por el de la ley de la gravedad– me permitió descubrir. Alberto Williams y Julián Aguirre hicieron proyecciones de escuela de una y otra especie; Piana hizo una proyección tanguera de la milonga porteña, es decir, la insertó en un contexto tanguero, en un contexto de compadritos afectos al corte y a la quebrada. La milonga, tal como Piana la concibió y la desarrolló, no compite con el tango, sino que lo enriquece; sobre todo aquella milonga inicial de compadres alardosos y sentimentales a la vez. Luego Piana creó la milonga-candombe y también la milonga federal, y dejó en la *Milonga triste* –una de las páginas más simples y más her-

mosas de nuestra música popular– una suerte de proyección milonguera de la balada. Estas creaciones son las que colocan a Piana a la
altura de los grandes creadores de la música de Buenos Aires, al nivel
de Mendizábal, de Greco, de Arolas, de Firpo, de Bardi, de Delfino,
de Piazzolla.

Tal vez el carácter bipartito sea lo adjetivo de la milonga que
recreó –o creó– Piana y que Canaro, con finísima intuición, llamó
tangueada. Lo esencial es el espíritu tanguero que impregna en ella
una especie musical profundamente criolla (aunque también se llamara *porteña*, cuando el porteño era el habitante de la provincia y no
el de la ciudad), atrapada por el proceso de urbanización de "las orillas" (es decir, el suburbio); casi podría decirse, empleando una palabra cara a Juan Pablo II, si bien la utiliza él para referirse al Evangelio,
que la milonga recreada por Piana, la milonga tangueada, es una suerte de inculturación del tango en la añosa milonga de la campaña.

Tanguear significa también, a partir de la intuición de Canaro, "dar
aire y espíritu de tango a algunas especies musicales populares". Ha
de ser por eso que Horacio Ferrer dice que su bellísima página
Chiquilín de Bachín es un "vals tangueado" (yo lo llamé tango en una
charla que ilustraba Graciela Susana, triunfadora poco después en
Japón. "Maestro, es un vals", me corrigió la dulcísima cancionista.
"Querida –le contesté–, digamos que es un tango en tres por cuatro").

EL SUCESOR DE GARDEL

B ien podría decirse que, concluida la guardia vieja, se abre la guardia del Treinta, de los años treinta. Su inicio podría fijarse hacia 1924, cuando comienza a difundirse la concertación instrumental, y el final, en 1935, con la muerte de Carlos Gardel, que coincide con la irrupción de la orquesta de Juan D'Arienzo y su pianista Rodolfo Biagi, dos acontecimientos que no es caprichoso relacionar.

Los años treinta llevan la impronta de Gardel, que es como decir que en ellos el tango se hace canto. Pero D'Arienzo-Biagi vuelven a la bailabilidad como primer supuesto de la tanguedad, de la esencia del tango. Gardel no tuvo sucesores. Príncipe Azul –Heriberto Emiliano de Costa– estaba en la edad ideal para el relevo; había nacido en 1901, pero en tanto viajaba a los Estados Unidos a tomar la posta, la muerte le hizo una zancadilla fatal en un sanatorio de la isla Trinidad. Ignacio Corsini y Agustín Magaldi tenían estilo y prestigio propios y no pertenecían ciertamente a la escuela gardeliana. Tampoco Alberto Gómez, que, finalmente, viajó a tierras calientes y allí lucró fama y dinero, cosas que no le faltaban. Se perfilaron entonces como candidatos al trono vacante Hugo del Carril (Piero Hugo Fontana, 23 años) y Héctor Palacios (Héctor Eloy Eguía, 26 años). Finalmente, Gardel no tuvo heredero; el trono sigue vacante. Pero el cinematógrafo pudo crear la ilusión de que Hugo del Carril era el nuevo Gardel.

Porque Gardel, entre otras proezas, cumplió la de llevar el tango al cine. Lo hizo al finalizar el año 1930, cuando interpretó diez canciones frente a una cámara dirigida por el pionero Eduardo Morera y operada por Roberto Schmidt. Ello ocurrió en los estudios de Federico Valle (México 832) y allí nació el cine sonoro argentino. Aquello, sin embargo, pertenece a la protohistoria. La historia empieza en 1932, con la película "Luces de Buenos Aires", que no se filma en la Argentina, sino en Francia, y que llevaba sello de los Estados Unidos: Paramount. "Luces de Buenos Aires" es, sin embargo, una película de Manuel Romero. Él escribió el argumento (junto con Luis Bayón Herrera); él escribió la letra de las canciones; él la dirigió, aunque figurara como director el chileno Adelqui Millar. Sólo le faltaba a "Luces de Buenos Aires" para ser un filme argentino el haber sido rodado en la Argentina. Por lo general se considera que el cine sonoro argentino nació con la película "Tango", de Luis Moglia Bart, que es del año siguiente, mientras Romero seguía filmando sin éxito en Joinville. Es otro enfoque de la cuestión, totalmente respetable, pero voto por "Luces de Buenos Aires".

Romero, que hizo de Gardel un galán-cantor cuando ya era más bien un galán maduro, convirtió en astro cantante a Hugo del Carril. Lo hizo en 1937, cuando dejó escuchar su voz y atisbar su apostura en "Los muchachos de antes no usaban gomina". Con Hugo del Carril el tango ganó un ídolo. Esta palabra, ídolo, usada para referirse a los artistas y en general a las personas muy queridas por el pueblo, ya circulaba por entonces. Una película de aquellos años, producida por Francisco Canaro, se llamó "Ídolos de la radio"; pero ni Ada Falcón ni Ignacio Corsini, sus protagonistas, eran realmente ídolos. La Falcón era una mujer distante; Corsini imponía una admiración demasiado respetuosa. Más cerca de ser un ídolo estuvo realmente Huguito, que sonreía como Carlitos, repartía billetes de un peso en la puerta del hipódromo y devolvía al tango el acento viril que no siempre podía reconocerse en la quejumbre magaldiana ni en las bellas voces de primeros tenores que lucían Ignacio Corsini y Alberto Gómez. Además, Hugo tenía carisma (arrastre) y era sexy como los galanes de Hollywood.

Pero Hugo del Carril no pertenece a la guardia del treinta, sino a la del cuarenta. De la guardia del Treinta tiene el ser un astro del canto. No quiso quedarse en eso, sin embargo, y se convirtió en director de cine. Nunca, empero, dejó de cantar. La guardia del Treinta lo fue de grandes cantores y de grandes orquestas. Sin ella no podría entenderse la guardia del Cuarenta, que no reniega de la anterior, que toma lo mejor de ella, lo perfecciona y reconquista para el tango el carácter de expresión musical multitudinaria que parecía haber abdicado a favor del bolero. Pero cuando apareció el rock, al promediar la década del cincuenta, poco quedaba ya de ello.

LAS TANGUERAS

No es indispensable saber, pero tampoco es inútil, que la Constitución de la Ciudad de Buenos Aires ha sacado ventaja a los grupos más combativos en la materia garantizando el derecho a ser diferente y a elegir la propia orientación sexual (art. 11) y que consagra (art. 38) un concepto que la antropología no ha definido aún con precisión, "perspectiva de género". Esto, en términos globales, significaría la libertad de asumirse como varón o como mujer, al margen de toda consideración biológica, por mera opción cultural o personal. Frente a estas formulaciones, postmodernas y postcristianas, el tema de la mujer en el tango luce muy poco siglo XXI, pero, puesto que aún estamos en el siglo XX, me atrevo a abordarlo.

Cuando se lo plantea, o bien se piensa en las protagonistas de la canción porteña o en las cancionistas. Sobre estas últimas la ensayista Estela dos Santos ha realizado investigaciones valiosas y trabajos muy competentes. Menos se habla, en cambio, de las músicas y las poetas, quienes aunque no en gran número, han hecho lo suyo. Entre las primeras ha sido recobrada para el conocimiento de los profanos, por estudiosos de tanto mérito como Vicente Gesualdo y Ricardo Ostuni, doña Eloísa d'Herbil de Silva (1842-1943), que vivió más de cien años, fue concertista de piano y compuso no pocas canciones, además de algunos tangos. Gesualdo dice que fue autora de las primeras piezas del repertorio tanguero y menciona entre sus obras *El maco*. Lo que sabemos es que *El Maco* fue publicado en 1903, como obra propia por Miguel J. Tonrquist, que fue también músico de mérito y no necesitaba hurtar nada a nadie. Ostuni ha publicado las carátulas de cuatro tangos firmados por doña Eloísa: *Yo soy la rubia* (algo así como una contrahechura de *La Morocha*), *Y a mí qué?*, *La multa* (con versos de Nicolás Granada, que desarrollan el mismo tema de *Cuidado con los cincuenta*, de Villoldo) y *Che, no calotiés*. Todas estas composiciones son de la primera década del siglo y es por lo menos apresurada la afirmación de Napoleón Cabrera –eminente musicólogo, por lo demás– cuando dice que "no hubo que esperar el beneplácito de París para que la gente bien de Buenos Aires diera ingreso al tango". La gente bien de Buenos Aires fue la que llevó el tango a París, más o menos cuando la señora de Silva, baronesa ella, componía sus amables diabluras y cuando Miguelito Tornquist, otro niño bien, se gloriaba de la difusión de *El Maco*. El beneplácito de París fue necesario para que el tango fuera incluido entre los bailes sociales de la aristocracia y desde allí pudiera descender –purificado ya en un Jordán de champaña, como quien dice– a la clase media.

Otras compositoras enriquecieron también el acervo del tango y algunas de ellas fueron premiadas en los famosos concursos de Max Glücksmann: *Anochecer*, de María Isolina Godard (concurso de 1925), *El rasgueo*, de Dora A. de Iturralde (1928) y *La eterna milonga*, de la misma señora de Iturralde (1929). No podría afirmarse, empero, que esas páginas hayan pasado a la historia del tango y que alguna de esas damas figure en la profusa y repetitiva bibliografía tanguera. Tampoco van a ocupar un lugar en esos arrabales de la musicología cancionistas tan famosas como Rosita Quiroga, Azucena Maizani, Ada Falcón, Mercedes Simone, Tita Merello y Nelly Omar, que también se atrevieron a la creación musical. Sí, en cambio, ha de tener una butaca en la primera fila del parnaso tanguero Maruja Pacheco Huergo (María Esther Pacheco Huergo de Ferradás Campos (1916-1983), autora de un tango bellísimo, que es un clásico y fue un éxito universal, *El adiós* (a cuya melodía aplicó versos muy felices Virgilio San Clemente). Esta dama apacible y sutil fue cancionista ante los micrófonos radiofónicos, llegó al cine, escribió canciones, produjo algunos otros tangos. Toda su alma, quedó, empero, en *El adiós*, que Ignacio Corsini comenzó a difundir en 1937, cuando la autora era una niña de 21 años.

La legendaria Paquita Bernardo (1900-1925) fue primordialmente bandoneonista –vigorosa cadenera, sin mengua de su femineidad, en el palco del bar Domínguez–, pero alcanzó a componer, pese a la brevedad de su vida, algunos tangos como *Floreal, La enmascarada* (cuyos versos, debidos a Francisco García Giménez, grabó Carlos Gardel), *Cachito* y *Cerro divino*.

Tanguista de buena ley es Beba Pugliese (Lucela Delma), pianista, arregladora, creadora, que perpetúa la estirpe fundada por Adolfo Pugliese y continuada por sus hijos Alberto, Osvaldo (el de *Recuerdo* y *La Yumba*) y Vicente. Discípula también ella, como su padre, don Osvaldo, de Vicente Scaramuzza, es fiel a sus ancestros, al sentido clásico de la tanguedad, a la *mos maiorum*, como dirían los romanos si vivieran hoy y en Buenos Aires. Esta mujer, admirablemente trabajadora y modesta, que tiene ya su esquina en la calle Corrientes, ha compuesto bellos tangos: *Sueños y sombras, Nube en los ojos, Mis ocho esquinas, Chicharrita, Catire*, pero se siente principalmente una intérprete, en el doble concepto de arregladora y de pianista. "No usé los temas escritos por mi padre y trabajé temas con arreglos propios, incluso algunos que jamás se habían hecho", dice de sí misma con satisfacción. Sus composiciones no desmerecen a las clásicas, como *Averán*, de Pedro Maffia, que llevó a su piano, cuando sólo había pasado por la orquesta de Roberto Firpo y esto en la década de 1920.

María Luisa Carnelli –que firmó sus tangos con los seudónimos Luis Mario y Mario Castro– era poeta antes de ser tanguista. Cuando, en 1922, se asomó a la poesía con su libro primerizo "Versos de mujer", sólo Pascual Contursi y Celedonio Esteban Flores escribían regularmente versos para partituras compuestas en dos por cuatro. Ni *El Choclo* ni *La Cumparsita* tenían letra todavía y el mismo Carlos Gardel que en un lustro de "tenor" había grabado seis o siete decenas de canciones, muy pocos tangos pudo incluir entre ellas, casi todos de letras debidas a comediógrafos o saineteros a quienes el éxito de *Mi noche triste* había abierto una nueva perspectiva: Samuel Linnig, Alberto Vacarrezza, José González Castillo. Ciertamente Luis Roldán ya había escrito las estrofas de *Maldito tango* y de *Carne de cabaret* y Bayón Herrera la de *El taita del arrabal*, pero la letrística, o cancionística, tenía un pasado muy breve y un presente poco promisorio; sólo la presencia de Carlos Gardel impedía decir que el futuro del tango canción era incierto.

María Luisa Carnelli escribió su primer tango, *El malevo*, en 1928. Estaba dedicado a Carlos Raúl Muñoz, cuyo seudónimo era Carlos de la Púa. Aunque se firmara habitualmente Carlos Raúl Muñoz del Solar era apodado *el malevo*, no porque lo fuera, sino porque gustaba parecerlo. Aquel año Muñoz había publicado su único y famosísimo libro, *La crencha engrasada*. Carnelli le dedicó entonces su tango, cariñoso y descriptivo. Luego siguió publicando libros de versos y algunos otros tangos. Era la compañera de Enrique González Tuñón y cuñada, por lo tanto, de Raúl, que fue tan gran poeta como tesonero militante comunista. También ella se enroló en la izquierda. Uno de sus libros, "U.P.H. Mineros de Asturias", escrito durante la guerra civil española, se sumaba a la línea ideológica-literaria donde hacían punta Neruda y Raúl.

No fue Carnelli una tanguera profesional, sino de ratos perdidos, de viarazas, de raptos de inspiración. Compuso *Primer agua* para una música de Francisco De Caro y *Quiero papita* para una antigua (ya antigua, en 1933) partitura del Pibe Ernesto (Ernesto Ponzio). Con música de Rafael Rossi dejó la página, deliciosamente irónica, de *Pa'l cambalache* –erróneamente atribuida, a veces, a Raúl González Tuñón–. Azucena Maizani hizo un éxito con *Se va la vida* (1929, música de Edgardo Donato), admonición amable y candorosamente *cínica,* y –the last but not least– colaboró con Juan de Dios Filiberto en *Cuando llora la milonga* (1927), uno de los tangos con más sabor a tango que se hayan escrito jamás, un clásico hecho y derecho.

María Luisa Carnelli no fue una letrista propiamente dicha sino una poeta que hizo un aporte sumamente valioso cuando aún Discépolo, Manzi y Cadícamo estaban en cierne. Compuso versos a la medida del tango. Eladia Blázquez, en cambio, compuso tangos a su propia medida. Y sigue componiéndolos.

Bien es sabido que Blázquez, aunque argentina, se inició en el canto español, lo mismo que hicieron Lola Membrives a fines del siglo pasado e Imperio Argentina por los años veinte. Doña Lola se convirtió, desde los modestos escenarios porteños, en la mayor actriz de la lengua española, no sin antes haber cantado y grabado algunos tangos. Imperio se quedó en lo suyo, y allí está aún muy bien plantada, aunque también prestó su voz a páginas como *Alma de bandoneón.* En cuanto a Eladia, hizo su tango desde la letra como Piazzolla hizo lo propio desde la música. Más que una letrista es una creadora. Abandonó los temas tradicionales –la mistificación del pasado, la pasión amorosa– y, más próxima a Discépolo que a Manzi y ciertamente muy alejada de Flores y de Cadícamo, pareciera haberse dedicado a reafirmar o consolidar desde el verso su propia identidad. Sin embargo, como alguna vez he señalado, para Eladia la ciudad no es el escenario de su vida personal, sino el hábitat de la pluralidad anónima, del vulgo municipal y espeso, de la carne de cañón en la batalla de la vida, de los hombres sin rostro, que no lo tienen picado de viruela, como el Tigre Millán, ni llevan las ojeras de Milonguita; la gente sin historia, sin anécdotas, a la que nunca le ocurre nada.

¿Es Blázquez una escritora de protesta? Más de una vez me lo pregunto, y me respondo una y otra vez que no forma en la literatura contestataria, porque no tiene compromiso con las ideologías, ese lastre de los espíritus, como lo tuvo Carnelli. Su único compromiso es con la gente, el montón que no pasa a la historia, sino apenas a los censos, y cuyos historiadores, si los tuviera, serían los fríos compiladores de estadísticas. Pero me he dicho también, de todas maneras, que es evidente que la descripción solidaria de la vida, de la vida sin ventanas, que dijo Homero Expósito, conlleva una protesta que no se atreve a decir su nombre. No es que Eladia pretenda ser la voz de los sin voz (desdeña esa petulancia), pero de todos modos nos recuerda que la gente también existe, aunque la circunstancia orteguiana no siempre le permita llegar a persona.

LA GUARDIA DEL CUARENTA

Horacio Ferrer, reflexivo historiador del tango, al que ha dedicado obras muy enjundiosas, se adhiere al criterio orteguiano de las generaciones y estima en quince años la vigencia de cada una de ellas. El cómputo de Ferrer comienza con la generación de 1880. Las siguientes son las de 1895; 1910; 1925; 1940; 1955. Por supuesto, las fechas son convencionales: coincidente con el criterio de Carlos Vega, el poeta de *Chiquilín de Bachín* no concede a las hojas del almanaque rigidez de cortina metálica. Se trata de períodos o lapsos lo bastante abiertos como para que cada uno pueda infiltrarse en el anterior y en el consecuente.

Menos orteguianamente, podría hablarse de guardias mejor que generaciones, sobre todo después de que apareció la expresión *guardia vieja*. "Articuladas en períodos de quince años, las generaciones del tango son siete", expone Ferrer. Si en lugar de hablar de generaciones, habláramos de guardias, diríamos que las guardias son cuatro: la Guardia Vieja, caracterizada por la improvisación, el empirismo y la búsqueda de una identidad; la Guardia Nueva, que logra la definición de los tres avatares o encarnaciones del tango –el baile, el canto y la música–; la Guardia del Cuarenta, distinguida por la erudición, el refinamiento y la estilización; y la Guardia del segundo medio siglo, en la que se busca para el tango una nueva identidad.

De acuerdo con mis puntos de vista, que tal vez no sean los más correctos, la Guardia Vieja es aquella en que los grandes creadores –Arolas, Bardi, José Martínez, Greco– carecen de conocimientos técnicos, pero los sustituyen ventajosamente con su inspiración y su talento. Es el tango de la gran aldea, expresado literariamente por Villoldo; el de los cortes y quebradas prohibidos por la decencia burguesa; el del ritmo amilongado, veloz y juguetón, que en París se hace erótico y dormilón –"severo y triste", dijo el gran bailarín

Ricardo Güiraldes–. La Guardia Nueva comienza, como fue dicho aquí, con la música vertical; cuando los creadores son capaces de armonizar sus melodías; cuando dan en convocar "arregladores" para poner al servicio del tango la ciencia musical; cuando se procura una convivencia equilibrada y provechosa del baile, el canto y la música; cuando la letra comienza a mostrar cierta vocación literaria. Es la expresión de la cosmópolis, ya alfabetizada por la escuela pública, que no se asusta de que el tango irrumpa en el Colón en la orquesta de Pedro Maffia y la voz adorable de Rosita Montemar. Antiguas orquestas de la Guardia Vieja –Firpo, Canaro, Maglio– conviven con las nuevas –Fresedo, De Caro, Donato– que buscan y encuentran, un nuevo sonido, y el tango/canto llega al cenit con Carlos Gardel, Azucena Maizani, Rosita Quiroga, Ignacio Corsini, Agustín Magaldi, Ada Falcón, Mercedes Simone, Charlo.

Podría decirse que, quizá, la Guardia Nueva comenzó con la primera grabación del sexteto de Julio De Caro (*Todo corazón*, 1924) y concluyó con la muerte de Carlos Gardel, o tal vez con el ensanche de la calle Corrientes. En el prólogo de la Guardia del Cuarenta está la orquesta de Juan D'Arienzo. Pero, ¿cuándo se inicia esa guardia que, para Horacio Ferrer, "tras un sello romántico impreso a sus hombres; un audaz gesto de independencia artística y de vocación recreadora como gallardete de lucha frente a dos fuerzas de signo precisamente contrario: el abaratamiento estético suscitado por la crisis del tango en el mundo empresarial del espectáculo y el peso del pasado". Ya alguna vez pregunté si comenzó en 1940, cuando Miguel Caló organizó la que sería llamada orquesta de las estrellas, ¿Y por qué no en 1937, cuando Raúl, Kaplún ejecutó, en la misma orquesta, el primer arpegio lucubrado por Argentino Galván? ¿O en 1938, cuando Carlos Di Sarli presentó su nuevo conjunto en el cabaret Moulin Rouge? ¿O el 11 de diciembre de 1939, cuando el gran bahiense grabó para Victor su primer disco, *El Retirao*, de Carlos Posadas? ¿O el 10 de julio de 1937, cuando Troilo inauguró su orquesta en el Marabú. ¿O el 7 de marzo de 1938, cuando el mismo Pichuco se estrenó en la grabadora con *Comme il faut* y *Tinta verde*? ¿O a fines de 1939, cuando irrumpió Osvaldo Pugliese con los tres bandoneones, los tres violines y el bajo de su octeto? Cada uno

puede elegir el comienzo que prefiera, pero seguramente habrá que
elegir uno de los mencionados.

Repitamos que las guardias son abiertas. Por eso, cuando la
Guardia del cuarenta estaba en el cenit, la guardia siguiente, la del
Cincuenta, llamada Vanguardia, le clavó una espina en el pecho: *La
yumba* (1946), que prefiguraba la gran revolución piazzollana. *La
yumba* (que Pugliese grabó en 1946, aunque venía tocándola desde
antes de ese año) constituyó uno de los grandes acontecimientos del
Cuarenta. Los otros son la aparición de *Malena* (en la boite Novelty,
cantado por el chivilcoyano Juan Carlos Miranda) y la grabación de
Recuerdo de bohemia, de Enrique Delfino, con arreglo de Argentino
Galván, realizada por la orquesta de Aníbal Troilo el 12 de marzo de
1946.

UNA GUARDIA CREADORA

*M*ilongueando en el 40 se titula el primer tango de Armando Pontier. Aníbal Troilo se lo grabó con su orquesta el 17 de junio de 1941. Pontier (Armando Punturero) tenía 24 años; Troilo, 3 años más. Bandoneonista cadenero, que incluyó en la interpretación de sus *Claveles blancos* una llamada desgarrante difícil de olvidar, Pontier siempre admiró el sonido del fueye de Troilo. El título de su tango primerizo define una de las características de la Guardia del Cuarenta, que fue –entre muchas otras cosas– una guardia milonguera; una guardia en la que el tango pudo manifestarse plenamente en sus tres avatares o personificaciones: baile, música, canto (el baile, para las piernas; la música, para los oídos; el canto, para el corazón). La muchachada que milongueaba en el Cuarenta (empleados y obreros que pronto comenzarían a cobrar su aguinaldo, a sindicalizarse y a cantar "¡Perón! ¡Perón!, ¡cuánto vales!" en la plaza de Mayo) detenía la danza para escuchar a los cantores e inclusive para no perderse los arrestos virtuosistas de Osmar Maderna en la orquesta de Miguel Caló.

Baile, música, canto, sin embargo, sólo son traslaciones a los sentidos de los sonidos y las palabras que han inundado, en un momento de inspiración o en largos momentos de gestación, la cabeza privilegiada de los creadores. Hoy abundan los intérpretes, óptimos muchísimos, imaginativos, entusiastas; en cambio, ralean los creadores. Muerto Piazzolla nadie ha vuelto a crear un clásico; una composición incorporada para siempre al tesoro del tango. Tal vez los últimos clásicos, hasta hoy, sean *La última curda*, *Adiós Nonino* y la *Balada para un loco*. El mismo Mariano Mores, melodista fabuloso, ya no crea nada que prenda. La Guardia del Cuarenta fue, en cambio, una Guardia creadora. Un músico ya maduro, casi cuarentón, Sebastián Piana, produjo entonces *Tinta, roja* (1941). Su estreno por

Troilo y Fiorentino fue una bella manera de inaugurar la década, que se clausurarla con *Prepárense* (1950) y *Responso* (1951) después de haber producido composiciones puramente instrumentales, sin canto, de primera magnitud: *La yumba* (1941) de Osvaldo Pugliese; *La bordona* (1948), de Emilio Balcarce; *Patético* (1949), de Jorge Caldara; *Orlando Goñi* (1949), de Alfredo Gobbi.

Piana, hombre de la guardia vieja, es decir, anterior a la música vertical, que terminó dominando como pocos (fue un eximio profesor de armonía), cruzó gallardamente la guardia nueva con sus milongas en ristre e irrumpió en la del Cuarenta con *Tinta roja,* del que he escrito en "Crónica General del Tango": "Si todos los tangos desaparecieran, los precontursianos y los poscontursianos, los amilongados y los arromanzados, los sentimentales y los compadrones, pero quedara *Tinta roja,* en él quedaría un compendio poco menos que imperfectible de todo lo que el tango ha sido". Supongo que jamás un cataclismo hará desaparecer a Buenos Aires, pero si ello ocurriera y sólo se salvase del desastre una partitura de *Tinta roja,* sería posible establecer a través de ella no sólo la esencia del tango, sino también las peripecias de su evolución. Discípulo de Drangosch, músico de vasta preparación teórica, que en su adolescencia soñó con ser un Paderewski, se mantuvo siempre curiosamente adscripto a una rígida ortodoxia. Nada le faltó para lanzarse a pujar en la Vanguardia con otros músicos de formación menos completa que la suya. Creyó, empero, que el tango debía mantener su viejo sabor, tal vez el de aquellos tangos que su padre, don Sebastián, arrancaba fervorosamente de su guitarra, allá por 1908, cuando integraba el cuarteto "Ni más ni menos". Después de *Tinta roja* compuso muchos más, hasta los 91 años en que lo sorprendió la muerte. Creo que *Tinta roja* fue su canto del cisne.

Mayor repercusión y, a juzgar por los repertorios de los cantantes, igual perdurabilidad tienen algunos tangos con letra que datan de aquella guardia. La nómina amenaza con ser extensa, pero una brevedad excesiva sería injusta. Intentaré, pues, una enunciación cronológica: *Charlemos* (1941), de Luis Rubinstein; *En esta tarde gris* (1941), de José María Contursi y Mores; *Ninguna* (1942), de Manzi y Fernández Siro; *Mañana zarpa un barco* (1940), de Manzi y

Demare; *Malena* (1942), de Manzi y Demare; *Gricel* (1942), de Contursi y Mores; *Al compás del corazón* (1942), de Expósito y Domingo Federico; *Tristezas de la calle Corrientes* (1942), de Expósito y Domingo Federico; *Barrio de tango* (1942), de Manzi y Troilo; *Verdemar* (1942), de Contursi y Di Sarli; *Garúa* (1942), de Cadícamo y Troilo; *Percal* (1942), de Expósito y Federico; *Uno* (1942), de Discépolo y Mores; *Trenzas* (1944), de Expósito y Pontier; *Naranjo en flor* (1944), de Homero y Virgilio Expósito; *Cristal* (1944), de Contursi y Mores; *Café de los angelitos* (1944), de Cátulo Castillo y Razzano; *María* (1945), de Cátulo Castillo y Troilo; *Adiós, pampa mía* (1945), de Pelay, Francisco Canaro y Mores; *¡Qué me van a hablar de amor!* (1946), de Expósito y Stamponi; *Tarde* (1947), de José Canet; *Cafetín de Buenos Aires* (1948), de Discépolo y Mores; *Sur* (1948), de Manzi y Troilo; *Discepolín* (1951), de Manzi y Troilo.

Esta memoración, aunque no es mezquina, tampoco es completa. Digamos que en diez años el tango produjo cincuenta "clásicos" en el sentido que el diccionario académico da a esta categoría: "Dícese del autor o de la obra que se tiene por modelo digno de imitación en cualquier literatura o arte". En la segunda mitad del siglo no se ha redondeado una cifra igual.

LA CENSURA

El gobierno instalado en 1943 por los coroneles de Campo de Mayo, adoctrinados y organizados por el coronel Juan Perón, impuso, después de asumida la presidencia de la Nación por el general Pedro Pablo Ramírez, la veda radiofónica del lunfardo. ¿Lo hizo por decreto? Gente seria dice que sí; inclusive hay quienes afirman haber leído alguna vez aquel fantasmal documento. No creo que haya sido de ese modo. Las broadcastings, como entonces se decía, dependían de la Dirección General de Correos, a través de una oficina llamada Radiocomunicaciones. Casi seguramente se trató de una orden oral impartida a los responsables de esa dependencia, vaya a saber por quién. Si existió algún memorándum interno, en caso de haberse conservado, constituiría una pieza inapreciable para el museo del tango que algún día habrá de formarse. La orden, en todo caso, sólo disponía que los textos a irradiarse debían ser aprobados por Radiocomunicaciones. Lo que debían hacer los funcionarios de esa oficina no era para publicar. Uno de ellos fue, como ha recordado en comunicación a la Academia Porteña del Lunfardo Leopoldo Díaz Vélez, Vicente Crisera[1].

Lo cierto es que a partir de aquellos días hasta la segunda mitad de 1946, las letras de los viejos tangos lunfardos fueron expulsadas de los estudios radiofónicos. No es verdad que las músicas, para poder presentarse, debían cambiar su título por el de "Cuidado, mamá" u otro por el estilo; pero sí es cierto que *Chiqué* comenzó a llamarse *El elegante* y *El bulín de la calle Ayacucho, Mi cuartito*. Celedonio Flores cambió la letra de *Mano a mano* para que pudiera cantarse frente a los micrófonos y Eduardo Calvo, la de *Arrabalero*.

Todo indica que detrás de la censura estuvo monseñor Gustavo J. Franceschi, gran sacerdote y gran escritor a quien le horrorizaba que los chicos y las chicas cantaran cosas como "Mina que te manyo de hace rato, perdonáme si te bato de que yo te vi nacer" o "Desde lejos se te embroca, pelandruna abacanada, que nacistes en la mugre de un convento de arrabal". Seamos comprensivos: si Leopoldo Lugones, Enrique Larreta, Carlos Ibarguren y la crema de la intelectualidad habían condenado los cortes y las quebradas, no es para asombrarse de que el buen monseñor Franceschi condenara, a su vez, las historias prostibularias cantadas por los letristas, la repetida mención de la cocaína y los crímenes pasionales. Lo curioso, en cambio, es que monseñor Franceschi hubiera sido capellán de la Penitenciaría Nacional y hubiera compilado –así se dice– un vocabulario lunfardo que habríase perdido. Sospecho que Franceschi no condenaba las palabras sino las historias que con ellas se narraban. Y realmente no eran muy edificantes los adulterios perpetrados con la complicidad del más fiel amigo de la víctima, ni la situación de las señoritas que se ganaban la vida en lugares "donde se necesita, para conquistar hombres, eterna juventud". Luego, los funcionarios de segunda andana, que tienen el celo de los ignorantes, aplicaron la censura con su criterio de hormiga y convirtieron el planteo ético de Franceschi en una cuestión lexicológica.

El tango nació en el lupanar y era natural que refiriera historias lupanarias. Tales son las que compuso Contursi. Flores, que lo siguió cronológicamente, cambió el lupanar por el cabaret, donde la prostitución se ejercía de otro modo. Las historias de *Mano a mano*, de *Margot*, de *Te odio*, son al fin y al cabo la misma historia de *Mi noche triste* o de *De vuelta al bulín*. El mismo González Castillo, hombre de mayor cultura y, más aún, activista cultural de su barrio de Boedo, no pudo prescindir del "relumbrón con que el facón da su tajo fatal". Y, más adelante, ¿no son también la misma historia de siempre la de *Muñeca brava* o la de *Che, papusa, oí*, de Cadícamo? La deslupanarización (perdón por el trabalenguas) de la letra de tango fue mucho más lenta que la de su música. Permítaseme un ejemplo: a mediados de la segunda década, Cobián compone un tango muy bello, cuya música nada arrastra del canyengue, *El motivo*. Está formado por frases melódicas largas, que sólo podrían bailarse lentamente, hamacadamente. Era lo que se decía un tango dormilón. Pero Contursi le pone una letra prostibularia; coloca la bella melodía de Cobián al servicio de una cocota venida a menos. No lo censuro a Contursi, que es una de mis admiraciones. En ese tango y en otros revistió el tema prostibulario de una especie de pátina de melancolía y, sobre todo, de piedad cristiana, que ennoblece su musa silvestre. Simplemente señalo que el tango tardó todavía una década en producir el equivalente literario de Cobián. Así como Cobián –y, si me apuran, también Arolas– superó el canyengue o lo relegó a la interpretación de las obras –no a su creación–, Manzi cambió a las prostitutas y sus rufianes por el viejo ciego, por el cochero de sombrero requintado, por las desvaídas sombras de sus amores de adolescente, por el carrerito del Este, por el codillo que llena el almacén, por Pompeya y más allá la inundación. Nadie contribuyó tanto como Manzi a deslupanarizar el tango y no porque se propusiera hacerlo, sino por un impulso natural de su genio creador. Pese a lo cual, dos veces, por lo menos, fue víctima de la censura: su hermoso tango *De barro* (música de Sebastián Piana) no pudo ser irradiado por las broadcastings supeditadas a Radiocomunicaciones, durante la época de la veda, porque sus versos incluían la palabra *pucho;* la segunda, cuando la orquesta de Demare, con Berón al canto, iba a tocar por radio *Tal vez será mi alcohol*, debió cambiar apresuradamente el título por *Tal vez será su voz* y el verso que decía "fantasmas del alcohol" pasó a decir "mi propio corazón".[2]

1   "Por ese tiempo, el ex cantor de tangos Vicente Crisera, que se desempeñaba en la dependencia del correo llamada Radiocomunicaciones, rechazó mi letra del tango *Club de Barrio* (música también mía), ya editado por Fermata. Justificó el rechazo arguyendo que Hansen –el famoso lugar de diversión citado en dicha letra– era un prostíbulo". Leopoldo Díaz Vélez, Comunicación N° 1.377 de la Academia Porteña del Lunfardo, fechada el 30 de junio de 1996.

2   La partitura de *De barro,* de Piana y Manzi (editorial Julio Korn), fechada el 9 de abril de 1943, no registra la aprobación de Radiocomunicaciones para su libre difusión. Se sabe que de hecho ese tango no pudo ser irradiado porque sus versos incluyen la palabra *pucho,* modesto quechuismo que los censores interpretaron como un término del bajo fondo. La de *Tal vez será mi alcohol,* de Manzi y Demare, editada también por

Julio Korn y fechada el 27 de mayo de 1943 (siete días antes del golpe militar del 4 de junio), lleva como título principal *Tal vez será tu voz,* como subtítulo (*Tal vez será mi alcohol*) y la leyenda consabida "Aprobado por Radiocomunicaciones para su libre difusión". Es sabido que el cambio de título se correspondió con el de los versos "Tendrán que ser no más fantasmas del alcohol" por "Tendrá que ser no más mi propio corazón". Todo lo cual sugiere que la censura radiofónica comenzó a regir antes del pronunciamiento militar del GOU, en las postrimerías de la presidencia del doctor Ramón S. Castillo.

LA VANGUARDIA

Contemporáneamente al tango para bailar existía un tango para escuchar, anterior a lo que llamamos el tango música y quizá también al tango canto: el que reía con las flautas, lloraba con los violines y rezongaba con los bandoneones en los palquitos de los cafés, primero de las orillas y en la segunda década del siglo también en algunos del centro. Decir, entonces, que el tango de vanguardia no es tango porque no se baila constituye una falacia; una doble falacia, porque hay danzarines que lo bailan y porque tampoco se bailaban los sonidos que Greco o Canaro desgranaban en Suárez y Necochea y sin embargo eran tango.

Las orquestas de la guardia del cuarenta preservaron la bailabilidad del tango, restaurada, valga la palabra, por la díada D'Arienzo-Biagi, muerto ya Carlos Gardel. La influencia de D'Arienzo en las versiones iniciales de Troilo y de la segunda época de Di Sarli son conocidas: D'Arienzo los hizo correr a todos. Fueron orquestas las de aquella guardia que trataron de equilibrar baile, tango y música, lo cual no impedía que la gente fuera a escucharlas en los cafés y en las confiterías donde no se bailaba. Y en los clubes sociales, adonde se iba a bailar, es fama que los bailarines solían detener la danza para entregarse a la escucha de los cantores. El equilibrio buscado no fue tan perfecto, puesto que en ocasiones se privilegiaba el canto, como si Gardel, que lo había inventado, al modo del Cid ganara batallas después de muerto.

Estos rasgos del tango del cuarenta señalaban una continuidad con el tango precedente, con el de la guardia vieja, y por cierto con el de la guardia nueva (en el que se desarrollan el canto y la música) y permiten interpretar a la vanguardia como una continuidad de cuanto la precedió y no como una ruptura con el pasado, como una grieta de la historia.

La vanguardia se personifica en Astor Piazzolla, pero Horacio Salgán reclama la prioridad cronológica. Hizo muy bien doña Sonia Ursini, al recoger en un volumen, *Horacio Salgán*, el pensamiento del querido y admirado maestro, pues no se puede ignorar ni saltar sobre él al considerar el período crítico de la evolución del tango que ha dado en llamarse vanguardia.

Como bien recuerda doña Sonia, la labor de Salgán con su orquesta se dio en dos períodos: el de la primera, comprendido entre los años '44 y '47, aproximadamente, y el de la segunda orquesta, que va desde el '50 hasta el '57. También precisa la autora que la idea de que el bandoneonista se pusiera de pie para tañer su instrumento, apoyando una pierna sobre la silla y colocándolo sobre el muslo, se le ocurrió a Salgán en el "Tango Bar", con su primera orquesta. El párrafo que más importa es, sin embargo, el siguiente (págs. 56 y 58): "En una reunión llamada 'Del Reencuentro', realizada en el salón de AADI (Asociación Argentina de Intérpretes), el 18 de abril de 1988, ante la presencia de músicos y periodistas, el destacado músico argentino (Astor Piazzolla) contó que, siendo bandoneonista de la orquesta de Troilo, tocaba con esta agrupación en un lugar cercano al que se presentaba Salgán con sus músicos. Movido por la curiosidad que despertaron en él los comentarios sobre aquellos arreglos de tango, en los descansos de su trabajo se dirigía rápidamente al local vecino y allí se quedaba escuchando, maravillado. Finalizando la anécdota, Piazzolla confesó que se sintió tan sorprendido por ese 'tanguismo' tan particular, que por un tiempo perdió toda esperanza de concretar un futuro brillante como arreglador y compositor de tangos –'casi me cuesta la carrera', según sus propias palabras–. *Este testimonio confirma que el verdadero Gestor de la vanguardia en el tango es Salgán* (el subrayado es mío)."

Me permito rescatar del dicho atribuido a Piazzolla la importancia que la vanguardia daba al llamado "arreglo", es decir, al tratamiento musical de las composiciones, que incluye no sólo la concertación de los instrumentos, sino también adiciones (lícitas, a mi entender, si son ornamentales y mutilaciones (que, como toda mutilación, considero reprobables). La "vanguardia" de Salgán estaba todavía en los "arreglos"; eran los "arreglos" los que le importaban a Piazzolla, que estaba estudiando con Alberto Ginastera más música que la que ya sabía y principalmente volcaba su creatividad sobre la música de escuela (*Suite para cuerdas y arpa, Tres piezas breves para cello y piano, Obertura dramática*). El vanguardismo de Salgán creador comenzó con *A fuego lento*, "posiblemente el más 'vanguardista' de todos mis tangos", escrito por los años '50 y '51. Debe agregarse que además de ser "vanguardista" es original, muy bello y muestra una admirable arquitectura musical. Para entonces Piazzolla continúa escribiendo música de escuela (*Suite para oboe y orquesta de cuerdas, Suite para piano, Contemplación y Danza,* los tres movimientos sinfónicos que obtuvieron el premio Fabien Sevitzky, 1954) y Troilo le ha grabado *Para lucirse* (1950), *Prepárense* (1951) y *Tanguango* (1951). *A fuego lento* fue grabado por Troilo en 1955. El mismo año lo grabó la orquesta de Salgán, que lo había estrenado en 1953.

PIAZZOLLA

Horacio Salgán declaró alguna vez sentirse identificado con la línea de Posadas, Bardi, Martínez, Cobián, los dos De Caro, Delfino, Fresedo, Laurenz, Maffia y Vardaro. Su vanguardismo no pretendía, como se ve, constituir un salto brutal; se sentía, sin duda, un evolucionista, no un revolucionario. Piazzolla también. La prueba está en su permanente retorno a las composiciones clásicas de los grandes tanguistas pioneros, de los creadores de esa especie musical que tiene cada vez más apologistas. Por cierto, no rompió abruptamente con su pasado de bandoneonista en la orquesta del tano Lauro y luego en la gloriosa formación de Pichuco.

Durante años se buscó a sí mismo y quizá no se haya encontrado sino cuando Nadia Boulanger le iluminó el camino. Siempre supo lo que no quería. A lo mejor intuía también, desde el principio, lo que quería. Pero el punto de partida de su carrera vanguardista podría fijarse no caprichosamente en las grabaciones que hizo en París en 1955. Hasta 1953 alternó el tango convencional, por llamarlo de algún modo (*Dedé, Tanguango, Triunfal, Fugitiva*), con la música de escuela. Abrigaba, sin duda, la no muy secreta esperanza de instalarse en esa música, al lado, tal vez, de su maestro Ginastera. En 1953, Fabien Sevitzky le estrenó "*Buenos Aires* (3 movimientos sinfónicos)". El público selecto y bastante intelectualizado que asistió al concierto armó una batahola. Algunos se resistían a admitir que el tango pretendiera ascender desde del cabaret a la sala de concierto. Por entonces, Astor dirigía una orquesta en el Tango Bar y su presencia en la Facultad de Derecho era juzgada como una profanación. Yo no lo vi así y escribí un suelto en una revista porteña, en el que decía que Piazzolla había hecho con el tango lo que Boero, Gaito o Gilardi con el folklore mediterráneo. Piazzolla conoció mi artículo en París, a donde algún comedido se le envió, y me escribió una carta que conservo cariñosamente, en la que me decía: "Por sus líneas veo que está muy enterado de lo que es tango y tango, y lo ubico en una onda especial, mi onda, la onda de los que amamos el buen tango y no admitimos a los traficantes de ninguna especie". Su carta data de septiembre de 1954 y, leída a la distancia, sugiere que Astor no sólo se estaba buscando a sí mismo, sino que también estaba buscando "su" tango, mucho más allá del sinfonismo candoroso de Canaro, del fantasismo y virtuosismo de Maderna, del nuevo sinfonismo de Mores. Su tango todavía era el de *Tzigane,* de *Bandó,* de *Picasso,* de *Sens Unique;* todas composiciones de líneas melódicas muy gratas y muy persuasivas, que culminaron, en 1955, con la obra cumbre del maestro, la más popular, la más honda, la que ni los más empecinados tradicionalistas rechazaron, *Adiós, Nonino.*

Piazzolla fue un explorador infatigable de las posibilidades musicales del tango. Siempre avanzó, hasta que lo abatió el amargo destino que lo tuvo durante mucho tiempo prisionero dentro de su propia piel. Su camino no fue recto. Abundaron en él los meandros y los recodos; el retorno a las fuentes del tango de la guardia vieja (en 1968 graba *El Choclo, Ojos negros, Alma de bohemio, Recuerdo*) y a las del tango de la guardia nueva (en 1986, *El día que me quieras*). Pudo interpretar aquellas páginas memorables mondas y lirondas, sin supeditarlas al complicado mecanismo de su genialidad musical; pudo someterlas a los buenos o malos tratos de su evolucionismo indomable, de su ansia de renovación, que a veces parecía enfermiza y que siempre era admirable; pero nunca renegó de ellas y el "salto brutal" al futuro –que alguien dijo– de ninguna manera le impidió el sistemático retorno a las fuentes. En definitiva, Piazzolla siempre se sintió un hombre de tango y como hombre de tango fue siempre tenido, inclusive para denigrarlo. Una anécdota –que nadie debería considerar traída de los pelos– viene en auxilio de esta afirmación: cuando el presidente Alfonsín, en las postrimerías de su gobierno, con la economía desbocada, trató de contenerla, colocó en el ministerio respectivo a Juan Carlos Pugliese, un político lugareño que no se había desempeñado mal en el gobierno de Illia. El doctor Pugliese nada pudo remediar y la economía continuó desbarrancándose. Fue entonces cuando las calles de la city porteña aparecieron cubiertas con afiches que decían: "Si no puede con Pugliese, pruebe con Piazzolla". El chusco opositor a Alfonsín que pergeñó el texto estaba muy al cabo de que para el pueblo, para la gente, Piazzolla y Pugliese eran igualmente hombres de tango. Y, sin proponérselo, sin imaginárselo siquiera, desmentía a quienes repetían un poco a lo loro aquello de "lo que hace Piazzolla no es tango", como si alguien pudiera atribuirse la posesión de la llave que abre el tesoro de la tanguedad.

Ha dicho Lalo Schiffrin, el afortunado pianista argentino radicado en Los Ángeles, que Astor Piazzolla no rompió con una tradición, sino que la extendió. Romper con una persona es, en el mejor castellano, separarse de su trato y amistad. La tradición, a su vez, es el acervo de doctrinas, hábitos, creencias transmitidos de generación en generación. La tradición con la que, según Lalo Schiffrin, no rompió Piazzolla es la del tango. Pero, ¿en qué consiste la tradición del tango, qué la compone realmente?. Para Sebastián Piana esa tradición se cifraba en la cadencia que, a su entender, debía mantenerse inmutable. No le era fácil al querido maestro definir la cadencia, palabra que técnicamente significa el modo de terminar una frase musical y que para el inolvidable remozador de la milonga era cierto dejo canyengue o compadrito, muy visible en la segunda parte de *No aflojés,* que es la que él compuso, y en los primeros compases de *Tinta roja.*

Si esa es, realmente, la tradición tanguera, no fue Piazzolla el primero en abandonarla. No se la encontrará, en efecto, en tantísimas páginas de Cobián, ni en *Alma de bohemio,* de Firpo, ni en *Copacabana,* de De Caro, ni en *Griseta,* de Delfino, por traer algunos ejemplos al azar. Pero si en cambio entendemos por tradición todo lo hecho en materia de tango, desde uno mismo hacia atrás, entonces tiene razón Schiffrin, porque ninguno de aquellos músicos, ni tampoco Piazzolla, echaron ese tesoro al desván. Ni siquiera de los golpecitos propinados al instrumento, no extraños a los tangos iniciales, prescindió Astor, aunque lo cierto es que de poco le servirían a Cobián o a Piazzolla, como bienes de uso, las ágiles compadradas de Villoldo, pero en ellas estaba el más hondo cimiento de sus propias construcciones musicales, como sobre el tosco cimiento del poema del Cid se levantaron las construcciones de Cervantes o de San Juan de la Cruz. Cobián, Piazzolla –como Arolas, como Bardi–, enriquecieron, con sus propias creaciones, aquel tesoro que Schiffrin llama tradición.

El tango es una especie musical abierta, en actitud de incorporarse todo lo asimilable. Su origen ha de buscarse en la coreografía distorsionada del candombe; pero aquella coreografía, recreada por el compadrito, fue ella misma una incorporación en las especies musicales en boga. Si el gesto con que el compadrito se plantaba en la pista para iniciar su baile –imitado por algunos de los fantasistas del tango que pululan hoy, enhorabuena, por tabladillos y escenarios– era algo así como el embrión, como el principio todavía informe de una cosa, todo lo que el tango adquirió después no fue por desarrollo natural y espontáneo sino como producto de incorporaciones sucesivas. Algunas de ellas, que ni para los más ortodoxos dejan de formar parte ahora de "la tradición", fueron impugnadas en su momento. La misma estructura bipartita fue una incorporación que aportó Delfino, tomándola de la canción francesa. El autor de *Milonguita* no lo hizo para romper con la tradición, sino para extenderla. Al hacerlo se involucró en ella.

Siempre están los que censuran, los que rechazan, los que niegan. El tango, sin embargo, sigue renovándose. La capacidad de renovación, de aggiornamento, no es un predicado del tango, sino su esencia misma. No habría que preguntar si "eso es tango", ni siquiera habría que preguntarse si eso expresa al porteño. ¿Podría sentirse acaso expresado el compadrito, en las quejas de la poesía contursiana? Pero el nuevo porteño, el hijo y nieto de la inmigración, sí se sintieron expresados por aquellos octosílabos llorosos, se vieron reflejados en los protagonistas de las anécdotas rufianescas que Contursi versificaba. Es probable que muchos porteños tampoco se sientan ahora expresados por la música de Piazzolla, pero cada día son más los que, frente a ella, no sólo experimentan placer estético sino también esa vibración íntima, ese dulce estremecimiento, esa herida gozosa que producen en el alma de los porteños los tangos de Arolas y de Greco evocados por Borges.

Piazzolla no fue un músico de escuela que condescendió al tango, o que lo abordó en sus comienzos para abrirse camino, o que en él encontró la popularidad y el dinero que le habrían negado las sonatas y las sinfonías. Fue un músico de tango, que en su niñez aprendió a tañer el bandoneón –aunque lo tañera como un gallego, según la boutade de Gardel– y que del tango avanzó hacia la música universal, abriéndole un ancho camino a la especie local de sus amores. No abandonó el tango para marcharse a otras latitudes musicales, sino que lo llevó consigo, lo aclimató en otros parajes, lo introdujo en las salas de concierto. Nacido en el peringundín y la academia, el tango se mezcló con la nobleza europea y llegó luego a los salones de nuestro barrio norte. Nadie dijo entonces que aquel tango vestido de etiqueta no era tango; es decir, lo afirmó Leopoldo Lugones, pero nadie le hizo caso. Y hoy son cada vez menos los que, como ayer don Leopoldo desde la platea del Instituto de Francia, dicen eso no es tango cuando irrumpen los ritmos piazzolianos.

LA GUARDIA DEL NOVENTA

"¿Se convence de que el tango ha muerto? No hay ningún tango nuevo. El último éxito fue *Balada para un loco* y data de 1969. Ya tiene casi treinta años", me dice Oscar del Priore, sin duda la máxima autoridad en la materia. Es verdad. Cantores y cancionistas repiten los éxitos de sus predecesores más ilustres: Gardel, Rivero, Charlo, Azucena Maizani, Mercedes Simone y hasta Rosita Quiroga. En cuanto a los músicos, no logran avanzar más allá de Piazzolla. El tango no se renueva; se repite. Pero, ¿no ocurre lo mismo con las otras especies musicales cultivadas por los argentinos? Los intérpretes llamados folklóricos, es decir, los que cultivan la música popular tierradentrana, persisten en el repertorio de Atahualpa Yupanqui. En cuanto al rock, es la repetición misma. Supongo que no aspira a la perduración, como el tango. No es música para las personas sino para llenar el tiempo de las personas: su materia por lo general no son los sentimientos, sino las sensaciones; pero, aunque así no fuera, ¿qué gran página ha dado el rock nacional después de "Sólo le pido a Dios"?

No cuesta mucho admitir que la música popular en general y el tango en particular atraviesan una honda crisis de creatividad, de que su capacidad de creación se muestra descaecida, y esto vale para su avatar musical como para el literario, pero no me atrevería a decir lo mismo para la danza. Hay muchísimos jóvenes bailarines, aplicados al tango de fantasía, que es el dedicado al espectáculo, con aptitudes notorias, capaces de crear nuevas figuras o de enriquecer con su impronta personal el repertorio clásico que viene de los tiempos de Bernabé Simarra, de Vicente Madero, de El Cachafaz. En esto se repara menos, porque el tango danza había sido durante muchos años prolijamente omitido por las orquestas. Gardel enseñó a los músicos a valorizar el canto; El Cachafaz no pudo enseñarles a valorizar la danza. Para muchos directores de orquesta, el cantor, que comenzó siendo un complemento –un instrumento más–, se fue transformando en la vedette del conjunto. Los bailarines profesionales, en cambio, cuando tenían la suerte de ser admitidos en las presentaciones de las típicas, no pasaban de ser mero elemento decorativo, casi subalterno, del que se desconfiaba porque podía distraer la atención del público. Si volvemos al origen del tango, que fue el baile, tendríamos que admitir que, lejos de haber muerto, el tango se muestra ahora arrollador y pujante como nunca. Y no es superfluo subrayar aquí, porque se trata de un concepto fundamental, que el tango es una tríada, que es danza, música y canto, y que a veces una de esas tres fases entra en eclipse, mientras brillan las otras, y luego reaparece esplendorosa en tanto las otras se oscurecen. Si tomamos dos acontecimientos decisivos para la perduración del tango –la exhibición del Palais de Glace (1912) y el concurso del Palace Théâtre (1913), debidos la una y el otro a la iniciativa del barón Antonio María De Marchi–, se advertirá que, en el primero, la música fue apenas el sustento del baile y el canto estuvo ausente; en tanto que en el segundo hubo una mayor preocupación musical (la orquesta fue confiada a un cultor de la música de escuela, Carlos Marchal), pero tampoco hubo canto. Con lo que trato de decir que el tango se fue formando desparejamente y no creo que haya habido un momento de su historia en el que la danza, la música y el canto se hayan manifestado en pie de igualdad.

Hay que aceptar, pues, la disparidad con que se muestran, en estos momentos, los elementos del tango, sin formarse juicios ominosos ni repetir lo que ya se decía a comienzos del siglo, aunque por otras razones: entonces comenzaban a desaparecer los cortes, dando lugar a figuras más propias de un salón social que de un peringundín, y los reduccionistas, que no veían en el tango sino los "ágiles cortes" que dijo Carriego, o la obscenidad que definió Leopoldo Lugones, daban al tango por muerto. Pero tan vivo estaba que acababa de engendrar a Gardel.

Nada de lo cual quiere decir que sean imaginables ahora bailes como los del Luna Park, ni multitudes abarrotando las pistas de los clubes al conjuro de un Pugliese o un D'Arienzo. Horacio Ferrer suele decir que el tango no es para multitudes; que se lo gusta y se lo degusta en la intimidad. Ferrer se refiere a formas más refinadas del tango, y esas formas refinadas busca ahora la música porteña, aunque las multitudes les den la espalda. Se me ocurre una comparación: las formas rústicas y bastas de nuestro idioma, que son las que hablaba el pueblo, las que el pueblo creaba, se fueron refinando y han producido obras que el pueblo no frecuenta, que muchísimas veces ignora. ¿Ha muerto por eso el tosco romance del Libro del Buen Amor? Cervantes, Borges, García Márquez, ¿han matado aquella fabla montaraz o la han glorificado?

El tango no ha muerto aunque la creatividad tanguera esté en receso, aunque el placer y la gloria de músicos y letristas sea ahora la recreación de las viejas canciones. La danza levanta hoy la bandera del tango. La década del noventa puede ser para el tango lo que fue la del cuarenta –la guardia del Cuarenta, la guardia del Noventa– para la música y el canto.

EL TANGO DEL ZAPPING

Una síntesis no incoherente de lo dicho hasta aquí al lector sería la siguiente: pueden distinguirse en la evolución y desarrollo del tango tres etapas bien definidas: el tango de la gran aldea, el de la cosmópolis y el de la megalópolis. Cada una de estas etapas abarca, respectivamente, un lapso de cuarenta años.

"La gran aldea" es el título del libro publicado por Lucio V. López en 1884. Lucio, hijo de Vicente Fidel López y nieto de Vicente López y Planes, murió diez años más tarde. Su relato comienza en 1869 y cierra su primera etapa en 1880. Si López no hubiera muerto prematuramente (a los 44 años), en un incidente torpe e infausto, seguramente habría comprendido que Buenos Aires fue una gran aldea hasta el Centenario, cuando se dio en llamarla cosmópolis, es decir, ciudad de todos los pueblos del mundo. Puesto que el tango nació hacia 1870, el tango de la gran aldea cubrió un período de cuarenta años: los tiempos del tango criollo, alegre y fachendoso, de espíritu lupanario y estructura literario-musical cupletística, que lo convertían en un verdadero cuplé malevo o cuplé de compadritos. Su figura más representativa es Ángel Villoldo.

Estos períodos no son rígidos ni están tapiados. El que nos ocupa registra claros anticipos del que habrá de seguirlo: los tangos de Anselmo Rosendo Mendizábal, Manuel Campoamor, Arturo De Bassi, Alfredo Bevilacqua (creador y teorizador), etcétera.

El código oficial de la lengua (es decir, el Diccionario de la Real Academia Española) registra los términos cosmopolita y cosmopolitano para referirse a las personas que consideran todos los países del mundo como su propia patria. Aquí podemos aplicarlas en sentido opuesto, para referirnos a las gentes de todo el mundo que consideran como su patria a la Argentina. Podría decirse, tal vez, que Buenos Aires se hace cosmópolis cuando comienza la gran inmigración, con el gobierno del general Roca, en 1880 (es decir que la gran aldea se prolonga más allá de la muerte del escritor que difundió ese nombre). Es, sin embargo, en 1910, con la celebración del Centenario, cuando Buenos Aires toma conciencia de su condición de ciudad del mundo, cuando muchísimos argentinos, hijos de inmigrantes, perfeccionan y consolidan el cambio que la inmigración representó. El censo de 1914 va a registrar 1.577.000 habitantes de Buenos Aires frente a los 92.709 de 1855. Los nativos sólo aventajan a los extranjeros en 20.000; viven en Buenos Aires 778.000 personas nacidas "en el resto del mundo" y, de ellas, la inmensa mayoría son jóvenes. Con la composición demográfica cambia también la idiosincrasia del porteño; su "modo de ver y filosofar" como diría Celedonio Flores; su estructura espiritual. El porteño no es ya el compadrito alegre y bailarín, ocioso y provocador. Ahora es el inmigrante que ha llegado con hábitos de trabajo, con disciplina laboral, con la maldición bíblica "ganarás el pan con el sudor de tu frente" cristianamente recibida como una bendición y sobrellevada no como una fatalidad, sino como algo consustancial al ser humano o, en todo caso, como un don divino que permite saberse útil. Y trae también el inmigrante su carga de nostalgias, dulce y pesada a la vez, muy bien descripta por Nicolás Olivari en el tango *La violeta*.

Cambia el porteño con la sangre nueva que le transfunden los jóvenes inmigrantes de todo el mundo, y cambia su expresión musical. El tango ya no es alegre y escapista, fachendoso y rebelde (transgresor, diríase hoy), sino melancólico y nostálgico. El baile se aquieta, el canto se embebe en las amargas mieles (o dulces hieles) del amor, y la música encuentra milagrosamente (o providencialmente) en el bandoneón el gemido de los agudos y la quejumbre rezongona de los graves para manifestar el alma torturada de quien se ha vuelto en poco tiempo sentimental y tristón.

En el tango de la cosmópolis encuentran sus más altas expresiones el tango danza (Vicente Madero, Juan Carlos Herrera, El Cachafaz, Bernabé Simarra), el tango canto (Pascual Contursi, Carlos Gardel, Celedonio Flores, Azucena Maizani, Rosita Quiroga, Homero Manzi, Ignacio Corsini, Enrique Santos

Discépolo, Mercedes Simone) y el tango música (Arolas, Bardi, Cobián, Delfino, Firpo, Greco, De Caro, Galván, Troilo).

La etapa de la cosmópolis se prolonga, como la anterior, durante cuarenta años, desde 1910 hasta 1950. En 1951, como ya hemos recordado, Astor Piazzolla obtiene el premio Fabien Sevitzky. Por supuesto, el objeto de la recompensa no es un tango vanguardista sino una pieza sinfónica. Pero lo que importa es que Piazzolla es un músico de tango que busca abandonar el pasado tanguero, que busca todavía la tangente de su fuga. El premio confirma su convicción de que el cambio es posible y de que él tiene fuerzas para intentarlo. La tangente es la música, la moderna música de escuela, a la que no se aferrará, como no se aferró al tango tradicional, en el que se nutrió y del que, en *Decarísimo,* se declaró tributario, pero del que tampoco renegará.

Llevo dicho muchas veces que, si el tango villoldeano corresponde a la gran aldea y el de la tristeza contursiana a la cosmópolis, la vanguardia se enmarca en la megalópolis, en la ciudad monstruosa habitada por una variada gama de porteños, muy ideologizados casi todos, que cubren, desde el hippie demodé al yuppie de saco y corbata, una extensa gama. El porteño no es escapista como el compadrito, ni reconcentrado como el agringado; no es alegre ni triste. Como no tiene tiempo para pensar, repite lo que otros han pensado en su lugar y como no tiene tiempo para amar en serio, cambia el matrimonio que es el amor hasta la muerte de las letras del tango, por la pareja, que viene a definir la *transa,* la erótica del albur. "En el barrio el lujo fue un albur, dice Eladia Blázquez. Para el inmigrante, el soñado –y tantas veces logrado– lujo fue el fruto del trabajo duro. Para el porteño de hoy, el lujo es el Prode, la quiniela o el cohecho. Y es la incertidumbre del albur la que alimenta la tensión, el estrés en que lo sumergen el hacinamiento y la dura lucha por el espacio que suponen las grandes urbes. La vanguardia piazzollana expresa esa tensión y esa búsqueda afiebrada del futuro, que antes satisfacían las zíngaras adivinadoras de suertes o las simpáticas cotorras de los organitos, y ahora ha creado, casi, una ardua ciencia, la horoscopología.

Esta etapa, representada por Piazzolla –tan grande, tan fundador como Villoldo y como Contursi–, lleva ya cuarenta años largos. No se avizora su fin, pero la fatalidad de los ciclos ya le está escribiendo el epitafio. ¿Cómo será el tango en las próximas décadas? Para saberlo, deberá saberse cómo será el porteño. ¿Y cómo será el porteño? Nadie puede saberlo. Pero me lo imagino ansioso, inestable e indefinido, como el zapping.

ÍNDICE ONOMÁSTICO

ÍNDICE

Este libro se terminó de imprimir en
diciembre de 1999 en Artes Gráficas Delsur
Alte. Solier 2450 - Avellaneda
Provincia de Buenos Aires.